관계의 변화

질문과 느낌이 있는

학교

글. 이수석 그림. 이남규

한결하늘

질문과 느낌이 있는 학교

이수석선생님의 생활 화두는 언제나 변화였습니다. 자신이 변하면 가정이 변하고 가정의 변화로부터 이수석선생님의 아들과 딸, 그리고 사모님이 변하였음을 저는 옆에서 보아 왔습니다.

1990년 3월에 인천동산고등학교에 철학/논리학 교사로 왔던 이수석선생님은 참으로 무지한 교사였습니다. 하지만 그는 배우고 익히는 데 게으름 피지 않았고, 많은 선후배 교사들을 찾아다니며 '어떻게 수업해야 하는가?' '학생들과의 소통은 어떻게 해야 하는가?' '아이들이 학교를 행복하게 다닐 수는 없을까?' '배움이 일어나는 수업은 과연 어떻게 해야 할까?' '교사들이 출근하고 싶은 학교는 어떻게 만들까?'등의 질문을 하고, 그 해답을 찾기 위해 노력했습니다.

그 현장에서 저와 이수석선생님이 만났습니다.

이제 그가 사립학교의 고등학교 철학/논리학 교사에서 공립중학교의 사회과 교사로 정착하면서 경험한 갈등과 소통의 방법, 그리고 자기 생활을 성찰하는 글들을 묶어 책으로 출간합니다.

물음표(?)와 느낌표(!)가 있는 일상생활과 학교생활, 특히 학생들과 겪었던 일들은 참으로 현장감이 있어 좋습니다. 물음표가 있는 생활은 일관된 그의 삶입니다. 저를 비롯한 선후배들을 만나며 가졌던 호기심과 자신감으로 빛나던 눈동자. 대화와 실천을 통해 깨달음을 얻으며 발했던 그의 박장대소와 감사함의 겸손함. 그는 흐르는 물처럼 공부하고 대지의 바위처럼 생활하는 후배교사입니다.

그는 책에서 말합니다.

'매일이 지겨운 것은 그것이 똑같기 때문이다. 하지만 그게 행복이다.'

매일매일 등하교하는 학생들의 생활은 어찌 보면 지겨움 그 자체일 겁니다. 하지만 그 학교와 수업에서 '배움의 즐거움'을 얻는 발견이 이루어진다면, 가고 싶은 학교, 교사와 학생 모두가 행복한 학교가 될 것입니다.

저는 출근하고 싶은 학교, 등교하고 싶은 학교를 만들고 싶습니다. 배움이 일어나는 수업을 진행하는 전문가 교사와 배움으로 눈빛을 반짝이는 학생들의 모습이 일상이 되길 바랍니다.

부디 많은 이들이 이 책을 읽으며 공감을 이야기하고 다른 생각과 소통하기를 기원합니다.

2016년 3월 25일

인천광역시 교육감 이청연

혁신학교, 질문과 느낌

인천석남중학교는 인천 최초 혁신학교인 행복배움학교를 운영하고 있습니다. 지금부터 3년여 전, 인천 교육에 최초로 학교혁신의 깃발을 자발적으로 꽂고 희망의 빛을 갖고 출발하였습니다.

그리고 2015년에 인천광역시교육청(이청연 교육감)으로부터 최초로 인천형 혁신학교로 지정 받아 혁신교육의 산실로서 선도적인 역할을 수행하고 있습니다. 그동안 석남중학교는 변화와 혁신을 거듭하여 학교가 변하고, 수업이 변하고, 교육공동체 구성원들이 변하였습니다. 그 변화의 모습들이 긍정적이어서 자랑거리가 무척이나 많습니다. 그리고 이번에 또 하나의 자랑거리인 이 책의 출간이 있습니다. 진심으로 축하합니다.

우리 학교에는 수석 교사가 한 명 있으니 그 이름은 이 책의 저자인 이수석 교사입니다.

이수석 교사는 3년여 전에 우리학교로 부임해 왔습니다. 인천시내 모 사립 고등학교에 이십삼년 간 근무하다 공립중학교인 우리학교에 공립특채로 전출해 왔습니다. 고등학교에만 근무하다 우리학교에 오니 모든 게 새롭고 어색했던지 첫해인 2013년도에는 적응하기 어려워 명예퇴직까지도 생각해 보았다고 하였습니다. 하지만, 모든 교직원들의 배려와 도움 덕분에 학교생활을 잘 적응해 나갔습니다.

이수석 선생을 처음 만났을 때, 전공이 철학이라서 그런지 남달리 개성이 강하고 특이해 보였습니다. 하지만 그는 수석 교사답게(우리 함께 놀아보자 - 물론 그는 수석교사는 아닙니다.) 자유롭고 창의적인 수업을 진행하였습니다. 무엇보다도 학생들의 행동과 신념을 좌우하는 감정의 영향과 변화를 가능케 하는 감정의 힘을 잘 알고 있는 것 같아 교장인 저로서는 무척 반가웠고, 우리학교를 함께 혁신시켜 나가는데 커다란 동력이 될 것이라 기대를 하였습니다.

언제나 스스로의 생활과 수업을 반성하며, 〈인천석남중학교〉 홈페이지와 '행복중심석남중학교' 의 학교밴드에 글을 쓰던 것을 알고 있었습니다. 학생과 교사, 아니 이 동시대를 살고 있는 사람들이 생각해 볼 수 있는 글이었습니다. 이제 자신의 생활을 돌아보며 새로운 모습을 찾던 이수석 선생이 그간에 써 왔던 내용을 책으로 묶는다는 소식이 있어, 너무도 기쁘고 행복했습니다. 한마음으로 축하하며 이수석 선생을 사랑합니다.

이 책에서 이수석 선생은 자신의 정체성을 찾기 위해 노력하는 모습을 보였습니다. 또한 아빠로서, 남편으로서, 아들로서 가족 간의 관계에 대한 고뇌와 성찰을 담고 있습니다. 또한 자신이 실천하고 생활하는 소통과 배려 중심의 나 전달법을 통한 의사소통의 방법에 대해서도 학생과 실천한 것들을 자세히 기술하고 있습니다. 교사로서 상호 관계와 집단지성의 중요성을 강조하고도 있습니다. 아울러 학생과 학생 간의 배움뿐만 아니라 학생을 통한 교사의 배움에 대한 열정을 보여주었고, 하브루타 교육을 접하고서 토론 학습 등 다양한 수업 방법에 대한 고민과 노력을 보여주고도 있습니다. 그는 현장의 교사로서 인천형 혁신교육의 방향도 함께 제시하고 있습니다.

이 책에서 저자가 밝히고 있는 "화원의 꽃밭이 아름다운 건 다양한 빛깔과 향기를 가진 꽃들 때문이다. 장미가 아름답다고 장미꽃만을 심을 수는 없다. 아이들은 꽃이다. 그 꽃이 자신의 빛깔과 향기를 뿜을 수 있도록 지켜봐주고 기다리자. 강제하지 말자. 오히려 가르치려고 하지 말고, 이제는 그들로부터 배우자. 전체성보다는 다양성을 인정하자."라는 글의 내용에 동의하고 공감합니다.

혁신학교를 추구하고 있는 학교장인 본인은 교육의 다양성 추구도 큰 축을 기반으로 철학을 서로 공유하며 이루어져야 한다고 생각합니다. 왜냐하면 무분별한 다양성은 오합지졸의 교육이 될 우려도 있기 때문입니다. 따라서 '우리' 학교는 두 개의 큰 축인 수업혁신과 생활지도 혁신의 축을 기반으로 배움의 공동체 수업 철학과 회복적 생활교육 철학을 공유하며 다양하고 창의적인 수업을 창조해 나가고 있습니다. 권위적인 생활지도의 개념을 뛰어 넘어 생활교육으로 패러다임을 바꿔나가 징계 위주에서 벗어나 관계 회복 위주로 생활교육을 실천하고 있습니다.

'우리' 학교가 추구하고 있는 수업 혁신과 생활지도 혁신은 하늘과 땅 차이만큼이나 기존의 방식과 동떨어진 것들이 아닙니다. 방향 전환이라 할 수 있습니다. 새로운 방향으로 일단 내딛기만 하면 다음 발걸음도 저절로 뒤따를 것이며, 방향이 옳기만 하다면 그 발걸음은 내디딜 때마다 엄청난 힘과 의미를 가질 것입니다. 따라서 우리가 수업 혁신과 생활지도 혁신을 실천하여 교육에서 작은 변화의 가능성의 실마리를 보여주기만 한다면, 엄청난 교육변화의 질주가 일어날 것입니다. 이는 마치 마른풀을 뜯고 있던 누(Gnu) 떼의 일부가 강 건너에서 불어오는 신선한 풀의 냄새를 맡고 달리기 시작하면 수천수만 마리가 그들의 엉덩이만 바라보며 대 질주를 시작하는 광경과 같을 것입니다.

바라건대 부디 교육현장에서 수업을 고민하고 실천하며, 자신의 삶을 성찰해보려는 선생님들과 우리 학부모님들 그리고 학생들에게 이 책이 많이 읽혀지길 기원합니다. 그리하여 서로가 교육에 대한 이야기를 나누어, 결국에는 '우리 교육과 삶의 어두운 터널을 밝혀주는 등불'을 모두 함께 밝혀 주길 기원합니다. 또 한 편으로는 강 건너에서 불어오는 신선한 풀의 냄새를 맡고 달리기 시작한 누 떼의 일부가 전체의 흐름이 되듯이, 교육변화의 질주가 일어나기를 기대합니다. 아울러 이 책의 뒤를 이어 모두가 행복한 교육을 실천하는 '행복 배움 길잡이'가 출간되기를 바라며, 다시 한 번 이 책의 출간을 진심으로 축하하고 응원의 박수를 보냅니다.

2015년 4월 11일
인천석남중학교 교장 김형백

물음표(?)와 느낌표(!)가 공존하는 세상

〈레 미제라블(Les Misérables)〉 뮤지컬을 보았나요? 그 원작자인 빅토르 위고(Hugo, Victor-Marie:1802~1885)와 출판사간에 오고간 편지에 관한 일화를 알고 계신가요?

빅토르 위고는 소설 속 주인공인 〈장발장〉처럼 가난에 허덕였습니다. 그는 자신의 원고에 대한 출판사의 대답을 듣기 위해 출판사에 '?'만을 쓴 편지를 보냈습니다. 얼마 뒤 출판사로부터는 '!'만을 쓴 답장이 왔습니다. 그리고 『레 미제라블』이 출판되었습니다.

물음표(?)와 느낌표(!)는 함께 있어야 그 의미와 감동이 시너지 효과를 낼 수 있습니다. 이 둘은 서로 공존하면서 소통되어야 합니다.

약속한 시간에 지각한 아내에게 이야기합니다.

"오늘도 지각하면 어떡해?"
"오늘은 생각보다 일찍 왔네!"

연락이 안 되던 아들에게 말합니다.

"왜 이렇게 전화를 안 받니?"
"큰일이 아니라서 다행이다!"

미안해하는 학생에게 말합니다.

"오늘도 또 너야? 또 실수한 거야?"
"오늘은 실수가 줄었네! 괜찮아, 힘내!"

묻고 따지는 물음표를 감탄의 느낌표로 바꿨습니다. 부정이 물러가고 긍정이 찾아왔습니다.

새벽을 이용해서 운동하는 아내에게 말합니다.

"당신 피곤하지 않아?"
"나는 자기 계발을 열심히 하는 매력적인 당신을 존경해. 당신은 정말 멋진 사람이야! 당신을 사랑해!"

발상과 표현이 어렵다며 짜증내는 아들에게 말합니다.

"이 선명하고 화려한 그림의 제목이 뭐니?"
"우와, 정말 대단한데. 내 마음에 콱 꽂혔어! 최고야, 최고!"

아침밥도 제대로 못 먹고 학교에 온 학생에게 말합니다.

"힘들지?"
"그래, 그렇구나. 괜찮아. 힘내, 파이팅!"

오늘 여러분에겐 얼마나 많은 물음표(?)와 느낌표(!)가 있었나요? 그 둘은 소통하고 있었나요? 자기 생각과 표현만으로, 물음표(?)와 느낌표(!)만으로 일방 통행하는 것은 또 다른 폭력입니다. 물음표와 느낌표는 서로 소통해야합니다. 그래야 그것이 배움이 되고 감동이 되어 우리의 삶을 풍성하고 아름답게 만듭니다.

이 책은 저를 존재하게 하였고, 저를 사랑하고 안타까이 여긴 모든 분들의 도움으로 나왔습니다. 사랑합니다. 고맙습니다. 꾸벅! 정말 많은 분들의 도움이 있었지만, 특히 제 처와의 결혼을 허락해 주시고, 제 아들과 딸을 올곧게 키워주신 장인 어르신 강수웅 님과 장모님 공광덕 여사님께 더 더욱 감사드립니다. 두 분은 제게 정말 사람으로서 살아가야 할 방향을, 어른으로서 어떻게 행동하고 처신해야 하는지를 행동의 지혜로 알려 주신 분들입니다. 정말 사랑합니다. 그리고 존경합니다.

너무나도 많은 신배님들과 어르신들, 직장 선후배와 상사분들이 계십니다. 석남중학교 김형백교장선생님은 저의 생각과 행동을 믿고 지지해주셨으며 이 책에서 댓글로 소통하기도 하셨습니다. 인천교육연구소 연구원들과의 만남과 소통은 늘 유쾌하고 유익하였습니다. 이흥

우 형님, 한명호 형님, 정현구선생님, 윤병언선생님……. 너무나 많은 인연들이 있습니다. 일일이 거명하지 않음을 또 용서해 주십시오. 꾸벅! 무엇보다도 제 영혼이 잠들지 못하도록 문제의식을 던져 주고 성찰할 수 있도록 해준 수많은 제자들에게 감사의 인사를 올립니다. 그리고 저를 만나는 미지의 수많은 제자들이 질문과 느낌이 있는 생활, 물음표와 느낌표가 있는 학교생활이 되도록 노력하는 교사가 되겠다고 약속합니다.

 '사랑해요?'와 '사랑해요!'라는 말이 세상에 넘쳐 났으면 좋겠다는 생각을 합니다. 언제나 늘 항상 건강들 하시고 행복하십시오. 그리하여 어제보다 조금만 더 행복한 날들이 계속되길 기원드립니다.

2016년 3월 15일 이수석

차 례

차 례

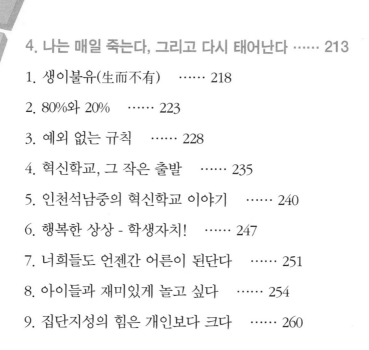

SNS(Social Network Service)로 소통하는 세상

나는 정말 운 좋은 교사다. 교단에 처음 섰을 때 좋은 선배교사들을 만났고, 그들로부터 자유로운 영혼을 느끼고 겸손하지만 교사로서의 자부심을 갖고 살았다.

참 행복하다……
이 땅의 교사로 살아가는 게……,
교사로서의 꿈을 꾼다는 게……

나도 저렇게 늙어 가고 싶다고 했던 선배 교사들의 말씀,
1. 첫 수업시간 - 학생들 앞에서 겸손하자
2. 첫 회식 - 입도선매, 참고서 채택료, 촌지 채택료거부하자
3. 학교 현장에서 열심히 잘 살자

나도 학교현장에서 행복하게 열심히 잘 산다……

무애: 우리 선생님 든든합니다. 그래도 큰 복을 가지셨습니다. 배우는 이 있어 가르치는 게 복이고, 스스로 선생으로서 떳떳하니 복이며, 겸손하여 배우는 자들이 존경하니 또 복이고 세상 욕심 없이 만족하니 큰 복입니다

사진을 보니, 건강하시니 복이고 특히 자식들이 훌륭하고 말년 이름 고귀하고 세상에 퍼지니 또 복이라 할 것입니다. 선생님은 복속에 계시니 지금처럼 욕심만 아우른다면 천하대복을 가질 겁니다. 이수석선생님!

은영: 저는 이수석님과 달리 그런 선배님을 만나지 못했습니다. 그래서 선배교사들의 관행에 부끄러웠지요. 후배들과 아이들에게 부끄럽지는 않은 교사가 되려고 더 많이 자신을 돌아보고 아이들로부터 배우겠다는 첫 마음을 아직도 잊지 않고 있습니다……. 그런 면에서는 운이 나쁘지는 않은 듯싶습니다. 세상을 바꾸는 교사가 되지는 못하지만 내 아이들의 삶에 한 때라도 이해받고 공감한 어른이 있었다는 흔적으로는 남고 싶다는 소망을……

이수석: 머리로 가르치니……. 하지만 맘과 행동으로 가르치니 따르더라는 말을 믿고 생활합니다……

은영: 나이가 들어갈수록 나잇값을 제대로 하려고 애쓰고 있습니다. 아이들에게도 동료에게도……. 여기 와서 마음 한 번씩 내려놓고 고개 숙이게 하는 글을 보면서 새로이 힘을 얻습니다. 감사합니다……

1

나는 아버지고, 남편이고, 아들이다

어느덧 아빠보다도 훌쩍 커버린 너를 안기가 어려워 졌
구나. 이젠 네가 아빠를 안아주는 게 더 편할 것 같
구나. 너는 고집이 참 세다. 특히 이발하고 목욕하기
를 참으로 싫어했단다. 이발하기 위해서는 할머니와 할아버지가 너
에게 정말로 많은 아양을 떨기도 했단다. 그 모습이 왜 이리 그리
움으로 와 닿는지. 네가 큰 만큼 아빠는 오히려 작아졌나 보다.

나는 아버지고 남편이고 아들이다

아들아, 너는 그림 그리기와
유희왕 카드 모으기 등의 놀기
에 소질이 있고, 집요했다. 만화
영화나 비디오도 봤던 것을 보
고 또 보고, 책도 읽었던 책을
읽고 또 읽어달라고 했단다. 아
빠와 엄마보다도 너의 재능과
끼(?)를 먼저 알아본 게 세 살
위인 누나였단다. 그리하여 너

는 인문계가 아닌 예술 고등학교를 진학하였지. 지금 생각해보면 참 잘한 거 같아. 너의 적성에도 맞고, 네가 행복하게 공부하고 그림그리기를 즐기고 있으니까.

하지만 너는 정말이지 똥고집이 강했다. 너는 네가 인정하지 않으면 명백히 잘못한 일이어도 절대 포기하지 않았다. 아빠는 그런 네가 미웠다. 잘못한 너를 야단치는 아빠를 인정하지 않은 네가 미웠다. 화가 난 아빠는 너의 엉덩이를 까고 모질게 손바닥으로 때렸었지. '잘못했습니다'라고 빌라는 할머니와 엄마의 부탁에도 불구하고 너는 사과를 안했어. 오히려 억울함을 표현하듯이 아빠의 무릎을 물었단다. 그런 네가 밉고 잘못된 버릇을 고쳐야겠다고 생각한 아빠는 너의 엉덩이를 더욱 호되게 때렸어. 너 또한 더욱 강하게 아빠의 무릎을 물었지.

결국 너는 까무러치고 아빠의 무릎에는 너의 이빨 자국이 남게 되었지. 아빠도 너도 참으로 고집이 셌지. 아니 아빠가 철이 없었지. 5살 난 아이(48개월)가 무얼 안다고, 버릇을 고친다고 난리를 쳤던지. 지금 생각해보니 정말 미안하구나.

SNS(Social Network Service)
엄마: 당신도 아들도 대단 했어요. 그게 무슨 고집들이야. 별 일도 아니었는데.
어머니: 아범이 그날 기분이 안 좋은 일이 있었던 거야. 그렇지 않고……, 나도 놀랐네.
아들: 저는 기억이 안 나요.
딸: 제가 무서웠어요. 아빠 화나시니까……, 정말이지 공포였어요.
아빠: 미안했다. 아빠도 철이 없었단다.
김형백: 부전자전이네… 그 똥고집이 누굴 닮았을까요.

1. 내가 술을 마시는 이유

'매일이 지겨운 것은 그것이 똑같기 때문이다. 하지만 그게 행복이다.'

글쓰기가 쪽팔리고 책 쓰기에 회의를 느꼈다. 그래서 2년여 동안 여행을 다니지 않았고, 익숙한 것들과 이별여행을 하였다. 학교와 집만을 시계불알처럼 오고 갔다. 하지만 자신이 살아온 삶을 쉽게 바꿀 수는 없나 보다. 나답게 살자는 생각으로 다시 놀러 다니고 사람들을 더 많이 만나기 시작했다.

2005년 7월. 제주도로 가족여행 갔을 때, 어머님이 하신 말씀.

내가 술을 마시는 이유

"어멈아, 아범이 술 마신다고 너무 추궁하지 말거라. 술도 마실 수 있을 때 마시는 거다……."

제주도 푸른 바다의 회를 드시며 백세주 한 병에 취기가 오른 어머님의 이어진 말씀,

"어멈아, 아범이 바람을 피운다고 뭐라 하지 말거라……, 바람도 필 수 있을 때 피는 거란다. 바람은 바람일 뿐이란다. 바람을 잡으려 하니, 바람이 되는 거란다."

나는 졸지에 바람피운 남편이 되었다. 어머님은 얼마 후 치매가 심해지셨다. 세월에 장사 없다고 언제까지나 정정하실 줄 알았던 어머님을 요양원으로 모실 수밖에 없었다. 그 때가 2009년 8월이었다. 그리고 지금 어머님은 인천은혜요양병원에 계신다.

2015년 1월 1일부터 담배를 끊었다. 세금 인상은 안하겠다면서 담배세를 올렸다. 그래놓고 '담뱃값을 올린 것이지 담배세는 올리지 않았다'고 하는 정부의 말에 화가 났다. 핑계 김에 담배를 끊었다. 정직이 최선의 방책이라는 말을 기억하고 경험했는데도 불구하고, 국민들을 우습게 본다. 말도 안 되는 핑계를 대는 사람들이 정말 싫다. 그런 어른이, 그런 선생의 모습이 혹시라도 있을 거 같아, 내 자신을 돌아본다.

작년부터 머리카락 빠지는 게 예사롭지 않다. 할아버지를 빼다 박은 나도 아마 대머리가 될 거 같다. 하지만 현대 과학은 나의 머리 빠짐을 구해줄 거라고 확신한다. 머리카락 빠지는 게 현저히 줄어든 선배가 내게 조언한다.

"이 선생!, 술은 근육을 이완시키는 효과가 있소. 두피의 긴장을 추구하여 머리카락을 빠지지 않게 하려면, 술을 끊어!"

"차라리 자연의 흐름에 따를게요. 운명대로 살게요."

선배가 박장대소한다.

여행 다니기를 다시 시작했다. 운동도 시작했다. 건강하게 잘 살아야겠다. 그리고 이제 진짜 마음공부와 진짜 글쓰기를 시작하려고 한다. 내 아들과 딸, 그리고 제자들에게 들려줄 이야기를 차근차근 써야겠다.

지난 금요일부터 여행을 떠났다. 신혼여행 때는 숙박비가 아까워 모텔에서 잤던 내가, 나 홀로 호텔에서 잠도 잤다. 약간 미쳤다. 아내에게 정말 미안하다. 토요일인 어제는 대학원 동기들과 대전유성에서 만나 술에 흠뻑 취했다. 덕분에 잠을 푹 잤다. 수면제 중독에서 벗어났다. 그리고 오늘, 선배들과 헤어지기 전에 열차를 기다리며 김귀식선생님과 각자 1병의 소주를 깠다. 그리고 지금 무궁화호 까페칸 4호차에 있다. 새로운 세계가 열렸다.

SNS(Social Network Service)

남편: 아내에게 미안한 것 중 하나가, 하룻밤 자는 호텔비가 아까워 1991년 10월 3일. 신혼여행 첫날밤을 모텔에서 잔 것이다. 여보, 미안합니다. 정말 미안합니다.

아내: 술이나 그만 마셔 인간아! 당신이 술 마시고 늦게 들어오는 날이면 재영이 남규가 얼마나 걱정하고 긴장하는 줄 알아?

김형백: 술을 마시면서 남달리 기분이 좋아 빙그레 웃는 선생님의 모습이 문득 떠오르네요. 건강검진에서 결과가 그리 좋지 않게 나왔으니 술은 조금씩 마시면서 건강 챙기시길….

2. 산자들의 축제

'제사는 산자들의 축제요. 그 날 만큼은 모두가 함께 모이잖소.'

내 아버님은 3대 독자 외아들에 이북 분이시다. 이북에서 결혼을 하셨고, 월남해선 19살의 어머님과 재혼하셨다. 이북에서 큰(?)어머님이 돌아가신 거 같다. 살아계실 때 물어보지 못한 것이 후회된다.

카페 열차 칸에는 자리가 없었다. 그냥 털버덕 주저앉았다. 금요일과 토요일에 이어 계속 마신 폭음으로 기운이 없었다. 아침에 복어 해장국과 함께 마신 해장술이 올라왔다. 그리고 서대전역에서 열차를 기다리는 1시간 동안 마신 소주 한 병의 술기운이 온 몸으로 퍼졌다. 난 해장술을 마시지 않는다. 그런데 오늘은 마셨고, 과음했다. 김귀식 선생님의 목포행 열차를 기다리며 선술집에서 낮술을 마셨다.

김귀식 선생님이 떠나고, 나도 영등포행 열차를 탔다. 그리고 카페 칸에서 우연히 기골이 장대한 어르신을 뵙게 되었다. 전남 순천에서 서울로 아버님 제사 지내러 가는 길이라고 하신다. 창밖을 보며 혼자 맥주 한 캔을 마셨다. 혼자 마시기가 뭐해, 어르신 것도 사다드렸다. 자식들과 몇 통화의 전화를 하시더니, 말문을 여셨다.

"제사를 낮 1시에 지내는 집도 있소? 내가 시골에서 공무원 생활을 하다가 정년으로 퇴직한지가 20년이 되었소. 내 아들과 며느리가 이럴 줄은 몰랐소. 내가 분명히 큰 아들놈에게 제사 지내러 올라간다고 했는데……, 이놈들이 제사를 벌써 지냈다고 하지 않소."

"자제분들이……."

"3남 2녀요. 맏딸이 목사가 되었다고는 하지만, ……큰 아들놈이 말려야 하지 않소? ……나 죽으면 제삿밥이나 얻어먹을지 모르겠소. 사실, 제사상이 뭐요? ……산자들의 축제, 산자들의 만남 아니겠소? 결국 그 음식들 누가 먹소? 자기들이 모여 음식 장만하고, 우애 다지는 거 아니겠소? 내가 헛살았다는 생각이 드오."

어떤 만남

어르신은 목이 타는지 맥주 한 캔을 벌컥벌컥 드신다. 당신 말을 잘 듣고 있는 내가 좋으셨나 보다. 어차피 제사도 한 물 넘어갔다고 하시며, 영등포역에 도착해서는 당신이 한잔 사시겠다고 한다.

"그래도 어르신 연세도 있으신데, 자제분들이 걱정하지 않겠어요? ……기다리실 거예요. 어르신께 전화 오네요."

어르신과 헤어지고, 난 나의 군대 사수였던 임재화 병장을 만나러 당산역으로 갔다. 난 백마부대 신병교육대 154기고, 157명의 신병 중에 2등을 해서 이필섭사단장 표창을 받았다. 4박 5일의 포상휴가를 받고, 28연대 인사병의 병과도 받았다. 그런데 포상휴가를 다녀 온 내가 자대배치 받은 곳은 파주군 금촌 산골에 있는 중화기중대였다.

내 생애 처음으로 빽과 돈이 없는 아쉬움과 억울함을 군대에서 겪었다. 내 보직과 동기의 보직이 바뀌었다. 행군하기 어려운 마당발을 가진 163㎝의 작은 덩치의 나는 중화기 중대 81밀리 박격포대로 갔고, 럭비 선수와 같은 185㎝의 단단한 내 동기는 연대 인사병으로 남았다. 나는 대학교 2학년 동안 교련교육과 전방부대 체험의이유로 군복무 30개월 중, 3개월 복무 단축 혜택을 받아 27개월 근무했던 육군병장 출신이다.

SNS(Social Network Service)

남편: 당신에게 정말 면목이 없어. 4남4녀 중, 제사 비용을 내는 사람은 나와 큰 형님뿐이니. 어머님 요양병원의 병원비를 내는 자식은 나와 아내뿐이다. 조금 섭섭하고, 가끔 짜증도 나지만…… 그래도 나와 아내가 부담할 수 있는 여유가 있어 감사하다. 여보, 이렇게라도 위안하면 안 될까?

아내: 그래도 당신 형제들은 심해. 다만 조금씩이라도 내야 하는 거 아냐? 난, 당신 식구들한테 더 이상 할 말 없고, 스트레스 받기도 싫어.

남편: …… 마음이 떠난 거 같군. 그러다 보니 화도 안 나는 거지. …그저 미안할 뿐이야. 미안해!

김형백: 열 자식을 두어도 한 부모 못 거느린다는 말이 있지요. 요사이 보기 드문 효자효부이시네요. 부모에게 효도하면 장수의 복을 누린다고 하였으니 부디 건강하게 장수하시길….

3. 남자들만 아는 군대이야기

'군대 이야기가 재밌는 것은 그것이 지난 추억이기 때문이다.'

내 발바닥은 거의 평발이다. 오래 걸으면 발바닥에 탈이 난다. 백마부대는 예비사단이고 훈련 부대이다. 휴전선에서 전쟁이 반발하면 이틀 안에 투입해야 한다. 그래서 매일 매일이 훈련이다. 매일 아침 웃통을 벗고 10㎞ 구보를 하며 군가를 부른다. 일주일에 40㎞ 행군은 기본이고, 100㎞ 행군과 200㎞ 행군은 해마다 한 번씩 있었다.

10㎞ 구보는 그래도 견딜만 했다. 하지만 100㎞의 행군이 있으면, 나의 발바닥은 온통 실밥 투성이가 된다. 행군하다가 물집이 생기면, 바늘에 실을 꿰어 물집을 터뜨린다. 워낙 많은 물집이 생겼기 때문에 나의 발바닥은 누렇게 가죽이 뜬다. 2박 3일을 걷는 200㎞ 행군 때는 발바닥 거죽을 한 가죽 벗길 정도였다. 7월의 강행군은 군화 속의

함께해서 포기하지 않았다

발을 썩게 했다. 냄새가 지독했다.

행군하며 절뚝거리는 나를, 군대 선임자들은 엄살을 부린다고 '대가리 박어(원산폭격)!' '선착순!' '좌로 굴러, 우로 굴러' 등으로 얼차려-군기를 잡았다. 그런데 내 발을 본 소대 선임자들 특히 같은 소대, 같은 분대 부사수였던 이규열 상병은 그 든든한 어깨로 나를 업어 주기까지 했다. 덕분에 나는 행군에서 낙오하는 트라우마(?)-쪽팔림을 면할 수 있었다.

임재화 병장은 내가 자대배치 받고 40일 만에 제대한 중대 최고 참이었다. 춥고 배고프고 정신 못 차리던 고문관이었던 내가 딴 생각하지 않고 견딜 수 있도록 한 든든한 보호막이었다. 배고플 땐 남몰래 초코파이를 사 주었고, 군 담장 넘어 배나무 집에서 라면을 끓여 공수해 주기도 했다. 술을 잘 마시지 못했던 나를 엄호(?)하고, 남성들 간에도 더러 있었던 성추행에서도 고약한 선임들로부터 나를 보호해 주었다.

나는 내가 할 수 있는 최대한의 노력으로, 임재화 병장의 추억록을 만들었다. 나의 글재주는 군 복무 시절, 〈국군장병님께 보내는 편지〉 답장을 대신 써 주었던 대필력 때문이다. 또한 힘들고 초라했던 군 복무를 힘차고 화려하게 포장했던 군 생활의 추억록 덕분이기도 했다. 나는 일병 휴가 때 임재화 병장을 찾아갔다. 여의도 국회의사당 앞 식당의 요리사였던 임재화 병장은 배고픈(?) 군바리를 위해서 밥과 술, 기타 등등을 다 챙겨 주었다.

대대 ATT, 연대 RCT, 사단훈련, 팀 스피릿 훈련, 그리고 끊임없이 이어지는 훈련과 내무반 생활, 야전생활……. 이런 생활이 30개월이었으니, 어찌 정과 추억이 없었겠는가? 백마부대 9사단 28연대 3대대 12중대원들은 지금도 분기별로 만나고 있다. 영등포역에 도착한 나는 임재화 병장과 이찬경 하사께 전화했다. 그리고 일요일 오후 3시 30분에 만났다. 동태 매운탕 집에서 3명이 소주 5병을 마시고, 맥주 집에 갔다가 택시를 타고 인천으로 내려왔다.

지금도 우리들은 밴드와 카톡, 그리고 문자로 안부를 전하며 만나고 있다. 임재화, 송기성, 김용재, 백동철, 이홍수, 이규열, 이찬경 선임들과도 만나고 있다. 이들과 나는 1985년 5월부터 2015년 1월까지 만나고 있다. 무려 30년의 세월이 흘렀다.

추억은 아름답다. 하지만 그 시절로 돌아가고 싶지는 않다. 그냥 이대로가 좋다. 있는 그대로를 인정하고, 서로 존중해 주는 지금이 좋다. 추억은 추억일 때가 아름답다. 선배님들!~ 고맙습니다. 사랑합니다. 꾸벅!

남자들만 아는 군대 이야기

SNS(Social Network Service)

군 생활을 할 수 있었던 것은, 내가 겪는 고통과 인내의 시간이 나 혼자만의 것이 아니었기 때문이다. 내 옆에는 언제나 그 누군가가 함께 있었다. 그들로 인해 나는 힘을 낼 수 있었고 견딜 수 있었다.

임재화: 이병장! 어떻게 이런 걸 다 기억하고 있었나? ……내가 자네한테 섭섭하게 한 건 없었나?

이흥수: '이병장 발은 갓 태어난 새끼 새머리 같았다'가 더 맞는 표현이지. 지독히 미련한 신병이었지. 나도 절대 그 시절로 돌아가고 싶진 않고 지금부터 아름다운 미래를 함께하고 싶네.

김용재: 캬~~~ 그 막걸리 죽였지^^

이흥수: 나는 유격을 한 번도 안 받았는데 이병장이 유격을 받았는가? 백마휴양소는 유격장 바로 옆이라 가 본적 있지만…….

이찬경: 우이씨. 나는 세 번쯤 갔던 것 같은데. 군대는 역시 줄이여 ㅠㅠ. 그리고 말년에 팀스피리트 참가한다고 두 달 동안 100km와 200km 행군을 매주 반복했는데, FM대로 한다고 휴식시간에도 논바닥에 차렷 포하고……. 결국 팀스피리트가 취소된 탓에 양키구경은 못했지만. 다시 한 번 군대는 줄! 줄입니다.

이흥수: 이 병장! 알찬여행하고 있군. 군대 흑역사는 안타깝긴 하지만 무사히 전역했으니 축복 아니겠는가?

김형백: 이 병장의 발이 평발인 줄 이제야 알았네요. 어떻게 그 발로 군 생활을 …. 그리고 지금도 전우들과 만나며 소통하고 있다니 부럽네요.

4. 당돌한 여자, 강미경

'미움과 외로움, 그리고 서로의 아픔을 모두 머금는 게 사랑이다.'

아내의 귀가가 늦다. 엄청 피곤해 보이던데, 오늘도 회식하나? 난 아내가 집에 안 들어오면 잠을 못 잔다. 불면증이 있기도 하지만, 아내의 활동 반경이 워낙 거침없기에 잠을 못 잔다. 깜빡 잠이 들면 늦게 들어온 아내는 쿵쾅거리는 발걸음으로 온 집안의 불을 다 켠다. 그러면 나는 잠에서 깬다. 아내에게서 술 냄새가 확 풍겼다.

당신을 사랑하고 존경하오

"나에게 밥값으로 200만 원 줘. 지점장 발령 났어. 도와준 사람들한테 한턱 쏴야 하잖아. 내가 인천여상졸업하고 국민은행지점장으로 최연소 발령 난 여자야. 그런 나와 함께 산 당신은 내게 해준 게 뭐 있어? 맨날 여행이나 다니고, 술이나 먹고, 응? 다치기나 하고. 아, 그래. 책은 몇 권 썼지. 각설하고, 오늘 발령 난 점포로 가서 1966년생인 팀장들과 인사 나누었어. 두 사람이 서울대학교와 성균관대학교 졸업했다네. '제가 두 분이 성공할 수 있도록 최선을 다하겠습니다.' 하며 내가 먼저 인사 올렸어. 어때, 자아ㄹ, 했지?"

이런 예쁘고 당돌한 여자와 나는 같이 살고 있다. 이 멋진 여자는 나에게서만 무시당하며 살고 나 또한 이 여자에게서만 무시당하며 산다. 둘 다 자존감이 강해, 자신의 주장을 좀처럼 양보하거나 죽이지 않는다. 그래서 서로 서로 생채기를 내며 지낸다. 하지만 늙어도 늙지 않는 이런 아내가 나는 좋다.

내 처는 대학을 졸업하지 못한 콤플렉스가 있었다. 4녀 1남의 장녀였기에 대학을 진학할 수 없었다. 돈을 벌어야 했다. 여상을 졸업하고 일본인 회사에 취업했다가, 국민은행 시험을 보기 위해 퇴사했다. 연애할 때, '하나를 얻으려면 나머지 하나는 과감히 포기해야 해!'라고 이야기하던 귀엽고 당돌하며 자기 확신이 확실한 순진한(?) 여자였다.

그렇게 열심히 살았다. 자기 일에 최선을 다했고, 사람들과의 모임에서도 최선을 다했다. 어느덧, 내 처는 정말 우뚝하고 당차고 멋지게 그 콤플렉스를 극복했다. 내 처는 잠시도 쉬는 적이 없다. 앞만 보고 달리기 때문에 가끔은 조금씩 쉬어가라며 투정부리기도 하는 게 나다.

"당신이 앞만 보고 달려가는 동안에, 당신을 지켜보는 사람들이 얼마나 힘들고 외로운지 알아? 후회하기 전에 주위도 살펴 봐! 어쩌면 가장 소중한 걸 잃어버릴 수도 있어!"

언제부터인지는 모르지만, 나는 내 처를 존중한다. 이젠 존경까지 한다. 그런데 내 속엔 내가 너무도 많다. 순간적으로 내 처를 비난하고 무시할 때가 종종 있다. 이젠 정말, 내 속의 또 다른 나를 죽이고 싶다. 죽이고 또 죽이고, 많이도 죽였다. 하지만, 아직도 그 놈들이 더러 뛰쳐나올 때가 있다. '욱'하고 튀어나오는 내 속의 또 다른 나는 딸과 아들에게도 나온다. 하지만 내 아내에게로 제일 많이 튀어 나온다. 함께 살아온 삶이 25년이나 되었으면 사라질 만도 하련만, 아직도 튀어 나온다.

축하한다는 말을 해 주며, 딸 재영이와 아들 남규 앞에서 아내를 꼭 안았다. 주책이라며 나무라는 아내의 폼새가 싫지는 않은가 보다.

"당신 싫어하는 꼰대 티 좀 낼게. 귀가 두 개고 입이 하나인 이유는 알지? 이젠 관리자의 입장에서 모두를 보기 바래. 많이 지시하고 말하기 보다는 많이 들으세요. 그들로 하여금 말하게 하고 결정하게 하세요. 태산과 바다같은 멋진 지점장이 되세요(태산은 많은 흙 작은 흙을 사양하지 않고 받았기에 높고, 큰 강과 바다는 깨끗한 물, 더러운 물을 가리지 않았기에 깊다. 泰山不讓土壤其大(태산불양토양기대) 河海不擇細流其深(하해불택세류기심). 그리고……, 당신과 함께 사는 나에게도요."

사랑한다. 아들!~

 SNS(Social Network Service)

　남편: 당신 정말 멋진 사람이야. 변하는 것을 두려워하지 않으니까. 해야 할 일과 하지 말아야 할 일에 대한 명확한 판단기준이 있는 당신이 자랑스러워. 난 그게 흐릿하잖아. 자신이 잘못했다면, 솔직하게 인정하고 사과하는 당신을 나는 존경하기까지 해. 여보! 당신을 사랑해요.^^.

　아내: 내가 당신에게 반했던 건, 열심히 일하는 당신의 모습이 멋져서야. 이젠 술은 줄이고 운동 좀 하시지? 재영이 남규 보기 쪽팔리지도 않아?

　김형백: 국민은행 금고와 함께 사시니 돈 걱정은 없겠네요. 우리 수석 샘이 아내를 존중해야 되겠다는 생각을 했다니 이제야 철이 들어가나 보네요. 늙어서 찬 물이라도 받아 드시려면 아내를 더욱 사랑하고 존중해 주시길….

5. 아들아, 너를 믿는다

'아들아! 젊음은 가진 게 적기 때문에 잃을 것도 없단다. 남들이 가지 않은 길을 가는 것도 괜찮단다.'

2015년 3월이 되면, 딸이 올해 대학교 4학년, 아들이 대학교에 입학한다. 딸은 수시합격이어서 수험생이란 느낌이 없었다. 그런데 아들은 5군데 대학에서, 수시 결과 모두 떨어졌다. 오늘은 정시 가나다 군에서 나군인 상명대학교 산업디자인과로 시험 보러 갔다. 4~5명 뽑는데 54명이 응시했다. 경쟁률이 10대 1을 넘어섰다. 요즘은 대학가기가 쉽기도 하지만 어렵기도 하다는 생각이 든다.

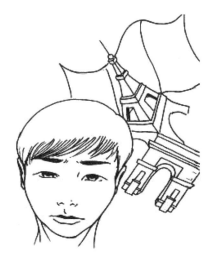

대학진학이냐 유학이냐?

1983년 내가 대학교 진학할 때는 대학진학률이 30%대였다. 2010년 현재는 80%대다. 물론 내가 갈 때보다는 대학 입학 인원수가 늘고 대학교도 많아졌다. 이젠 대학진학 때, 서울 안에 있는 대학만 진학해도 성공(?)이라고들 말한다. 하지만 높은 대학 진학률은 사회의식의 고양과는 별 관계가 없다. 대한민국은 오히려 청년 실업률이 증가했고, 사회는 점점 더 각박해졌다.

아들의 한계는 나와 마찬가지로 포커-페이스(poker face)를 못한다는 점이다. 자기의 마음을 도무지 숨기지 못한다. 온몸으로 자신의 기분을 나타낸다. 대부분의 아이들이 포커페이스를 못한다고 이해하려 했지만, 내 아들 남규는 너무 심하다.

기분 좋은 걸 표현하는 것은 나도 좋다. 전염되니까. 하지만……, 기분 나쁘거나 피곤하거나 짜증나는 것도 전염된다. 내가 아빠고 어른인데, 내 아들 남규는 아빠에 대한 배려심이 너무 없다는 생각이 든다. 내가 편해서 그럴까, 만만해서 그럴까라는 고민을 잠깐 한다.

"최악의 경우 재수할 거니?……, 아빠 네가 이곳 한국에서 죽자(?)고 끊임없이 경쟁하며 별 의미 없는 공부하기를 원치 않는다. 프랑스나 독일, 이탈리아 등지로 유학 갔으면 하는데, 어차피 군대는 갔다 와야 할 상황이고 대학을 진학하든 진학하지 못하든 간에, 군 생활 동안 영어와 제2외국어 하나는 반드시 마스터 하렴.

지금 텔레비전의 비정상 회담 프로그램에 등장하는 친구들처럼, 자유롭게 치열하게 자신의 공부를 하길 바란다. 네가 산업디자인을 공부하니까 다양한 관점, 그래도 문화가 앞선 그들의 생활을 보면 너의 견문도 넓어질 거 아니니? 군 생활하면서 어학 공부를 하렴. 그리고 국방의 의무를 마친 후에 유럽으로 유학가렴. 그리하여 너의 진짜 스펙을 쌓으럼. 네 인생은 네 것이다. 아무도 대신 죽어줄 수 없다. 때문에 대신 살아주지도 못하지."

"……, 아빠! 정말 죄송한데, 저 재수할게요. 3년 동안 정말 그림은 열심히 그렸어요. 정시를 본답시고 내신 관리 안한 거, 그리고 아빠와 엄마 말씀 안들은 게 정말 후회스러워요. 한번만 봐 주세요. 저 그동안 그림 그린 게 너무 아까워요. 그리고 공부 안한 제가 너무 싫어요. 제가 제 스스로를 부끄럽지 않게 해 주세요. 제가 저를 사랑하게 해 주세요."

"아들아! 지금 현재 대한민국은 OECD 국가들 중에서 대학 진학률이 1위다. 대학등록금은 미국에 이어 세계 두번째로 많다. 또 대학을 졸업한다고 해도, 청년실업자가 40만을 웃돌고 있다. 이제 대학은 한낱 학벌의 도구로 전락해버렸다. 아니 아빠 때도 그랬지…….

이 아빠 네가 차라리 유럽, 특히 프랑스로 유학가길 원한단다. 위기는 기회이잖니. 현재 한국은 고등학교를 졸업하고 대학교를 진학하는 학생이 80%이상이란다. 고학력자가 차고도 넘치는 현상이란다. 아빠 네가, 너만의 특기, 너만의 개성이 있는 스펙을 가지는 게 나을 거 같다는 생각이다."

침묵으로 불만을 표현하는 아들을 달래기 위해 장모님을 찾아뵈었다. 돌아가신 장인어른 앞에 아들과 함께 인사를 올리고 늦은 점심을 먹었다. 딸 재영이와 아들 남규를 길러주셨던 장모님은 어느덧 칠순이 넘으셨다. 처남의 어린 두 형제를 길러주시는 장모님은 너무 힘들어 하신다. 장모님은 마술사이며, 불사신이시다. 몸이 많이 편찮으신데도 잠시도 가만히 계시지를 않는다. 힘들고 지친 상태에서도 두 형제를 위해 글자 공부와 그림 공부 등을 함께 하신다.

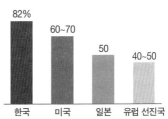

국가별 대학 진학률 비교 단위:%

OECD 국가별 대학 진학률 순위 (2011.9)

아들아. 너만 믿는다!

부모님께 이러면 안 된다는 걸 깨닫는 요즘이다. 그런데 장인과 장모님은, 부모는 이래야 한다는 것을 전형적으로 보여주신 두 분이다. 장인어른과 장모님께서는, 부모는 자식들에게 무조건 헌신적이어야 한다는 것을 전형적으로 보여주시는 아낌없이 주는 나무와 같은 분들이시다.

두 분을 사랑합니다. 두 분을 존경합니다.

요양원에 계신 어머님을 오늘은 찾아뵈야겠다. 이러저런 이유로 찾아뵙는 횟수가 점점 줄어들었고, 기간의 폭은 점점 늘어났다. 나 혼자 이 세상에 태어난 게 아닌데, 이러다 정말 후회하겠다. 치매가 있으신 어머님은 오늘 찾아뵙는 나를 보고 또 무얼 물어보실까?

SNS(Social Network Service)

아빠: 오늘 할머니 뵈러 가자!~

재영: 아빠, 죄송해요. 오늘 약속이 있어서 못가요.

남규: 오늘 학원에서 특강이 있어요. 올해는 대학교 들어가야 하잖아요. 죄송해요.

엄마: 각자의 생활에 열심히 하는 걸. 할머니도 이해하실거야. ……하지만 때론 주변을 돌아보아야 하는 게 사람살이라고 생각한다.

김형백: 아들 남규 군의 대학 진학에 대해 함께 고민하는 아빠의 모습이 아름답네요. 자신의 꿈을 펼쳐 갈 수 있도록 기다리며 격려해주는 모습이 자랑스럽구요. 남규 군 파이팅! 대학에 진학한다고 반드시 성공하는 것은 아니니까 자신이 가장 좋아하고, 가장 잘하며, 다른 사람들에게 유익을 주는 일을 찾아 도전해 보는 것도 좋지 않을까?

6. 인생의 포스티잇

'선택이라는 건, 아주 우연히 또는 어쩔 수 없이 할 수도 있단다.
하지만 선택할 때는 네가 행복할 수 있는 최선의 선택을 해야 한단다.'

너보다 조금 더 인생을 산 아빠에게도 몇 번의 중요한 선택이 있었단다. 그 선택은 아주 우연하게 찾아 왔고, 어쩔 수 없이 선택하기도 했단다. 하지만 그 선택은, 많은 경우 살아온 기억 중에서 어떤 일들로 인해서 결정되었단다.

중학교 때의 일이란다. '수석이는 국어를 잘하는구나!'라며 칭찬해 주신 정윤제 선생님의 격려로, 당시 계몽사에서 나온 〈소년소녀세계문학전집, 위인전집〉 300권 중에서 200여 권을 읽었단다. 이 경험은 아빠의 국어 실력과 교양(?)의 원천이 되었던 거 같아. 안타까운 것은 그 때 위인전은 한권도 읽지 않았다는 거야. 그래서 역사의식이 조금 부족했었던 거 같아.

뺑뺑이로 들어갔던 휘문고등학교에서는 문과를 선택했지. 그리고 대학을 진학할 때는 ○○대학교 법대를 쓰기로 할아버지와 식구들에게 모두 약속했단다. 그런데, 원서 쓰던 당일에 마음이 바뀌었어. 할아버지를 쥐락펴락하셨던 증조할아버지처럼 선비가 되고 싶었지. 그래서 ○○대 철학과를 진학한다고 했고, 놀랍게도 네 할

아버지는 아빠의 뜻을 존중해주셨어.

군대를 갔다 오고, 대학교를 졸업하기 전에 당시에 잘 나가던 E-LAND를 공채 5기로 입사했어. 그러다가 대학교 은사이신 김종호 교수님의 추천으로 동산고등학교 철학/논리학 교사로 발령받았지. 동산고등학교에 근무하던 중에 우연히 국민은행에서 네 엄마를

아들을 생각하며

만났어. 네 엄마는 아빠를 자신의 친구에게 소개시켜 주려고 다른 여자 분을 모시고 왔더구나. '전, 강미정씨에게 반한 겁니다. 백치미가 있는 강미정씨의 웃음이 너무 좋습니다. 전 강미정씨랑 사귀려고 데이트 청한 겁니다.'라고 명확하게 이야기한 다음 네 엄마와 사귀었지.

그리고 세월이 흘렀어. 2015년에는 누나가 대학교 4학년으로 진학을 하고, 너는 대학교 진학의 기로에 섰구나. 누나가 이과를 선택하여 공대생이 된 것과 네가 인천예술고를 선택한 것은 참으로 잘한 결정이야.

너는 정시를 목표로 해서 수능을 준비했어. 참으로 잘했어. 고등학교 3학년 시절처럼 공부하던 그 마음과 노력이면, 어떤 일이라도 할 수 있다고 보거든. 하지만 수능 날의 컨디션과 잘못된 선택, 그

리고 기타 등등의 일들로 인해서 네가 평소에 얻었던 등급을 못 받았다는 소릴 들었을 땐, 아찔했단다. 하지만 어쩌겠니? 너의 인생이고 너의 운이었던 것을.

앞으로 네가 이 사회에서 살아가려면, 군대는 갔다 와야 한다. 군대 갔다 오는 시간을 잘 활용하렴. 너는 젊기에 가진 게 없다. 가진 게 없기 때문에 잃을 것도 없다. 너에겐 청춘이라는 힘이 있다. 너는 남들이 가지 않은 길도 가볼 수 있고 실패하고 넘어져도 일어설 수 있는 건강한 젊음과 시간이 있다.

남들이 대학시험을 치고 쉬고 있을 때, 어학공부를 시작하렴. 시험을 위한 영어공부가 아닌, 미래의 네 삶을 위한 어학공부를 하렴. 영어는 프리토킹이 될 수 있도록 목표를 잡고 시작하렴. 그리고 독일어, 프랑스어, 중국어 중에 하나를 더 시작해. 네가 산업디자인 공부를 하려면, 보다 넓은 세계에서 보다 많은 사람들과 문화를 접해야 하지 않겠니?

그리고 운전면허도 따 두렴. 지금이 기회란다. 이제 너에게 펼쳐질 일들이 많구나. 선택은 네가 하는 거란다. 대학진학, 공무원, 자격증, 여행, 외국유학, 군대 등. 이 단어들 중에 네가 선택해야 할 게 있지. 그리고 순서를 정하면 될 것 같구나. 다음에 다시 이야기를 나누자. 아들~, 사랑한다.^^

SNS(Social Network Service)

아빠: 재영이는 긍정적 마인드와 적극적인 태도가 큰 장점이란다. 남규는 무언가 일을 하려고 결정하기가 힘들지만, 한 번 시작하면 끝을 보는 자세가 좋아. 그래서 아빠는 딸과 아들의 장래를 크게 걱정하지 않는다. 너희들 스스로가 얼마든지 잘 선택할 수 있다고 믿으니까.

딸: 아빠도 이젠 선택하세요.^^ 술보다는 운동으로요. 아빠는 그것만 고치면 돼요. 아빠 사랑해요.

아들: ……. ㅠㅠㅠ

엄마: 제각기 살기를 모색한다는 각자도생(各自圖生)이라는 말을 좋아했어. 하지만 엄마의 생각이 짧았어. 더불어 살아가야 해. 혼자서 옷만들고 농사짓고 집짓고 살 수는 없더라. 엄마가 잘하는 게 있으면 못하는 것도 있고, ……다른 사람도 마찬가지더구나. 무엇을 하고 안할지는 언제나 선택이더구나. 선택하렴. 너와 너를 사랑하는 사람들 모두를 위한 방법을.

김형백: 선택은 자신의 자유이며, 또한 자신이 선택한 결과는 반드시 자신이 책임을 져야 한다고 생각해요. 하지만 현명한 선택을 해서 준비를 잘 해두면 준비된 자에게 늘 기회가 오는 법이죠.

한주영: 기회가 찾아왔을 때 기회를 잡으려면 평소에 자기 관리를 잘해야겠다는 생각이 듭니다.

7. 삶이 너를 선택하게 하지마라

기자의 질문에 쌍둥이들은 똑같이 대답했다. "당신이라면 어떻게 했겠소?."

아들이 대학입시에 실패했다. 나와 아내는 아들에게 몇 번이고 재수는 안 된다고 했다. 아들도 재수는 안하겠다고 했다. 그런데 막상 수능을 친 다음에는 아주 조심스럽게 재수해야겠다고 했다.

"제가 그래도 중학교 3년과 고등학교 3년간, 대학 입시를 위해서 매진해 왔는데, 한 순간의 실수(?)로 대학을 포기해야 하는 게 너무 억울해요. 아빠와 엄마의 말씀처럼, 공부할 때 하지 않고 게임만 했던 것도 죄송하고요. … 저 재수하게 해 주세요."

"…네가 재수하지 않겠다고 아빠에게 장담하지 않았냐? 그런데 이제 와서……."

"당신 대학교 진학할 때와는 많이 다르잖아. 당신이 재수하지 않았다고, 또 재영이가 재수하지 않았다고 해서, 남규도 재

대한민국을 떠나라

수하지 말라는 법이 어디 있어? …재수해! 하지만, 오늘 이야기했던 이 마음은 잊지 말고 공부하길 바래."

"그래요. 아빠, 지금 제일 힘든 사람은 남규잖아요. 남규의 의견을 존중해 주세요."

"…… 야, 내 친구 아들은…,"

"당신 왜 이래? 당신 선생 맞아?…, 쿨하지 못하게……."

위기(危機)는 위험(危險)과 기회(機會)의 준말이라고 한다. 내 아들과 가족에게 온 위기, 난 이 위험을 기회로 바꾸기 위해 이승배 선생님께 자문을 구했다. 그도 대한민국의 교육시스템과 방법에 회의를 느껴, 영국유학을 다녀온 친구다.

"정말로 남규가 미술 공부에 전념하고 싶다면, 오히려 잘 된 거예요. 프랑스로 유학 보내세요. 매일 매일 똑같은 수업과 같은 생각만을 강요하는 대한민국에서의 대학 생활보다는 다양성을 인정하고 다름을 존중하는 열린 공간에서 공부하는 게 더 낫죠. 프랑스의 공립대학 등록금은 거의 없다고 보시면 돼요. 경제적, 문화적……, 하지만 제일 중요한 것은 남규의 생각과 각오죠."

인천 알리앙스프랑세즈(인천 프랑스 문화원)을 아들과 함께 방문했다. 그곳에는 아들과 같은 학생과 일반인이 많다고 한다. 미대를 다니다 온 학생, 재수를 한 학생, 회사를 다니다 장차 프랑스 유학을 꿈꾸는 일반인, 아예 프랑스 대학을 목표로 준비하는 중학생과 고등학생 등등. 정말 많은 사람들이 여러 사연을 갖고 상담하러 왔고, 유학을 위해 어학 공부를 한다고 했다.

"프랑스 국립대 입학자격은 프랑스 국가위원회 산하의 연구/고등부에서 공인하는 프랑스어 능력시험인 DELF(A1~B2, 3~4년 공부. 매우 어려움)에서 대학교 수업을 이해할 수 있는 언어능력시험에 합격해야 합니다. 아니면 프랑스인들도 어려워하는 논술시험인 바 깔로레아를 통과해야 합니다. 남규가 프랑스 유학을 준비하기 위한 최선의 방법은 DELF(B1)까지를 목표로 해서 어학공부를 하면서 미대준비를 하는 거라고 봐요. 프랑스 유학은 프랑스어 공부와 대학 입학 후, 다시 이야기하는 게 좋을 듯합니다. 참고로 프랑스 대학 입학접수기간은 3~4월 쯤이고, 가을학기부터 시작해요."

이제 남규에게는 목표가 하나 더 생겼다. 프랑스 유학을 목표로 해서, 프랑스어를 공부하면서 대학입시도 준비해야 하기 때문이다. 이 글을 쓰면서 프랑스 유학에 대해서 참으로 많은 것들을 공부했다. 나도 아버지이다. 그리고 대한민국에서 약간의 불온성을 간직한, 변화를 추구하는 교사다.

"프랑스어가 완전 초보일 때는 EBS로 시작해라. 그 뒤론 곧장 원어 문법 교재로 시작하는 게 좋다. 네가 먼저 프랑스 유학에 대해서 구체적으로 검색하고 공부해서, 엄마와 아빠, 누나와 식구들에게 다짐한 그 마음을 내내 지속하길 바란다. 아빠와 엄마와 누나는 네 선택의 길잡이일 뿐, 선택은 언제나 네가 하는 것이란다. "

"아들아! 선택은 네가 하는 것이란다. 너의 인생은 너의 것이다. 아무도 대신 살아줄 수 없는 네 인생이란다. 너는 지금 위기에 처했다. 이 위기의 순간을 단순한 위험으로 너의 인생을 결정할지, 아니면 새로운 도전을 위한 기회일지는 너의 판단과 선택에 달려 있어. 위기가 기회가 될 수 있길 바란다. 사랑한다. 아들! 너의 결정을 존중한다. 아들!~ 네 속의 또 다른 너와 잘 싸우라는 의미에서 파이팅!"

한가지 생각나는 이야기가 있는데 하나 들려주마.
쌍둥이의 아빠는 알코올 중독자였다. 계속되는 폭력에 쌍둥이의 엄마는 도망갔고, 아빠는 쌍둥이가 7살 되던 해에 돌아가셨다. 고아원에서 자란 쌍둥이 중 동생은 아빠처럼 알코올 중독자가 되었고 형은 알코올 중독자를 치료하는 의사가 되었다. 똑같은 환경에서 자란 쌍둥이의 삶이 전혀 달랐다. 어느 날, 신문사 기자가 쌍둥이들을 인터뷰 했다.

의사냐 알콜중독자냐

"당신들은 쌍둥이고 똑같은 환경에서 자랐습니다. 그런데 두 사람의 삶이 어찌 이렇게 다를 수 있나요? 무엇이 당신들의 삶을 결정하였나요?"

기자의 질문에 쌍둥이들은 똑같이 대답했다.

"당신이라면 어떻게 했겠소?"

 SNS(Social Network Service)

아빠: 아빠도 대학시절 때 독일로 유학 갈 기회가 있었다. 그런데 용기가 없었어. 낯선 땅에서 혼자 지내기가 두려웠지. 아빠가 만일 그 때 독일로 유학을 갔다면, 지금의 아빠 인생은 또 다른 모습이었을 거야. 어쩌면 네 엄마와 만나지도 못했을 거니까.

아들: 프랑스는 한국에서 대학교 다니다가 생각해 볼게요. 제 인생이라고 하셨잖아요. 저를 믿어 주세요.

빠삐~~: 같은 맘입니다 감동이네요 저도 고1인 아들을 캐나다로 보냈어요. 9월부터 새 학기가 시작하지요. 자식들도 애타는 부모심정을 언젠가는 알겠죠. 떨어지고 나서야 철이 드네요. 울 아들은 전교 일 프로 안에 들다가 전교 이백 등까지 내려갔었는데 내버려 뒀어요. 놀 때는 확실히 놀았다는 기분이 들게요. 하지만 영어에만 전념했던 게 그나마 다행이네요.

이수석: 빠삐~~ 아이들은 언제나 문제고 고민의 대상입니다. 제 선배들도 저를 이렇게 보았겠죠….ㅋㅋㅋ

슬픈 마리오네뜨: 제가 바로 미술로 프랑스를 다녀온 자녀입니다~ㅎ 왜들 그렇게 작은 땅덩어리에서 치열하게 대학에 못가서 안달인지….ㅋ 세상은 넓고 배울 곳은 무궁무진한데… 인문학을 인문학으로만 접근하려는 분들과 같은 맥락이 아닐까 하는 생각이 들거든요.~

제 생각에 아드님은 프랑스로 간다는 게 두려운 게 아닌가 싶어요~ 아는만큼 보인다고 하잖아요~ 수석님께서 확신이 드신다면 아들을 직접 데리고 프랑스 여행부터 다녀오신다면 답은 나오지 않을까 하고 생각해요. ~^^*

이수석: 고맙습니다…. 그리 해보겠습니다.

8. 딸의 입사지원서와 자기 소개서

너의 당락은 '첫인상'으로 결정된단다. 인간은 감성적인 동물이기 때문이란다.
좋아하거나 마음에 들면 이성적 판단은 하지 못하는 게 인간이란다.

대학교 4학년 딸이 대학교 4학년 2학기를 시작했다. 휴학을 고민
하다가 물 흐르듯이 자연스럽게 사는 쪽을 택해서 마지막 학기를
다니고 있다. 그리고 오늘, 어떻게 대화(SNS)하다가 딸의 고민 아
닌 고민을 듣게 되었다. 딸이 처음으로 입사지원서를 썼다는 것이
다. 이미 제출한 딸의 첫 번째 자기 소개서를 보고 딸에게 보낸 글
이다.

첫인상이 결정한다

아빠 딸, 이재영! 사랑한다. 처
음인데 정말 잘 썼구나. 축하한
다. 또 다른 경쟁사회에 들어 온
것을. 너의 자기 소개서를 보니
너와의 추억이 많이 떠오르더구
나. 참으로 기특하고 예쁘게 잘
커주었다. 고맙다.

지금부터 이 아빠가 하는 이
야기는 지도 교사나 지도 교수

라면 누구나 다 하는 이야기란다. 하지만 아빠이기에 보다 자세히 따뜻하게 하는 이야기란 걸 알고 읽어 주기 바란다. 그리고 너의 답장을 기다릴게.

　재영이의 자기 소개서를 처음 보았을 때의 느낌이다. 첫인상의 임팩트와 글을 읽어 나가면서 느끼게 되는 호기심이 약하더구나. 문장이나 표현방식의 문제는 그 다음이란다. 물론 같은 값이면 다홍치마라고 재밌게 술술 읽히는 문장과 표현방법이 더욱 좋겠지. 조금 아쉬웠다.

　이제부터라도 아빠가 도와 줄 수 있으면 좋겠구나. 너는 아빠와 엄마가 너무도 바쁘게 살기 때문에, 네가 할 일은 네가 해 왔지. 고마웠다. 하지만 이제는 이 아빠와 엄마의 도움을 받았으면 좋겠구나. 부탁한다.

　자기 소개서 쓰는 사람들이 제일 힘들어 하는 게 처음 쓰는 것이랑 경험이 부족하기 때문에 자기만의 입장에서 글을 쓴다는 점이다. 면접관의 입장, 글을 접하는 사람의 입장에서 글을 보거나 글을 쓰지 못한다.

　재영이가 면접관이고 자기 소개서를 검토하는 사람이라고 생각해 보렴. 그러면 어떤 사람을 선발하는지를 알 수 있을 거란다. 자기 소개서를 쓸 때는 ①이 회사는 왜 이런 걸 쓰게 했을까? ②이 회사가 바라는 인재상이나 함께 하고 싶은 동료상은 무엇일까? ③나의 미래상은 면접관에게 충분히 전달되었을까? ④면접관은 나에 대한 신뢰를 확실히 가졌을까? ⑤그리하여 나를 만나고 싶어 하는 호기심이 생겼을까?

그리고 면접이다. 면접에서 제일 중요한 것은 '첫인상'이다. 첫인상을 통해서 상대방은 너의 당락을 75% 결정한다. 그 첫인상은 자기 소개서를 통해서였다. 그리고 면접 볼 때는, 면접장에 처음 들어갈 때부터 면접 자리에 자리 잡고 앉아서 면접관들과 눈을 마주 칠 때까지다.

아빠의 경험으로 봤을 때, 너의 당락은 '첫인상'으로 결정된다. 인간은 감성적인 동물이기 때문이다. 좋아하거나 마음에 들면 이성적 판단은 하지 못하는 게 인간이다.

재영이는 그 첫인상이 참으로 좋다. 그건 네가 살아오면서 이기적이지 않고 상대방을 배려하며 살았고, 조금은 손해보고 살면서 양보도 하고 자신의 마음을 다스렸기 때문이다. 네가 비록 어리지만, 너의 살아온 인생에 대한 그 마음과 태도는 너의 얼굴과 행동에 자연스럽게 나타나거든.^^ 그래서 이 아빠 취업을 준비하는 너를 크게 걱정하지 않는다.

앞으로의 자기 소개서와 면접볼 때 참고하면 좋겠다는 생각에서 써 보았다. 괜찮게 잘 쓴 첫 번째의 자기 소개서였다. 다음부터는 이 아빠가 너의 멘토-친구가 되어 줄 수 있도록 더 많은 소통을 했으면 좋겠다. 네 말처럼 아빠와 엄마가 바쁘게 살지만, 인생에서의 우선순위, 일의 순서라는 건 언제나 있는 것이잖니? 그리고 인생은 끊임없는 선택의 과정이기도 하잖니? ^^ 다음에 자기소개서를 쓸 때는 아빠와 엄마의 도움을 요청하는 선택을 하면 좋겠다.

아빠가 바쁘다고 힘들게 너 혼자, 또는 네 선배나 친구와만 하는 것은 이 아빠와 엄마를 무시하는 거라고 생각해.^^ 아빠와 엄마의 경험과 능력을 믿고 도움을 청해주렴! 그러면 아빠와 엄마는 무척 기쁘고 행복할거야. 너는 혼자가 아니란다. 이 아빠가 에너지와 힘, 그리고 지혜를 줄게. 받아라. 얍!~ 사랑한다. 딸! 힘내고^^.

SNS(Social Network Service)

김형백(웅비백호): 새로운 세계로 출발을 앞두고 있는 사랑스런 딸에게 애정이 듬뿍 담겨 있는 감동적인 사연이네요~~!

이수석 흐르는물처럼 대지의 바위처럼: 김형백(웅비백호) 제가 철이 드나 봅니다. ^^ 이 세상 모든 것들이 아름답습니다. 특히 제 딸이…… 딸 바보랍니다. 고맙습니다.

딸: 아빠! 사랑해요. 사실 아빠가 쓰신 책을 읽어도 보았고 제가 교정도 도와드렸잖아요. 아빠의 도움을 받기 위해서 제 입사지원서를 보여 드린 거고요. 아빠와 엄마가 저희를 얼마나 사랑하고 생각하고 있는지, 저도 알고 있어요. 제가 바보인가요? ^^ 도움이 필요할 때면 언제든지 도와주실 거죠? 아빠, 사랑해요!~ 그리고 건강하세요.

9. 비정상을 정상으로

100미터 달리기 경주가 공정하려면 선수들은 최선의 컨디션을 유지해야 한다. 모두 출발선상에서 동시에 함께 출발해야 한다. 그리고 모두에게 똑 같은 골인 지점이 제시되어야 한다. 그래야 그 경주는 공정하다고 할 수 있다.

경제학 용어에 '악화(惡貨)는 양화(良貨)을 구축(驅逐)한다'는 그레샴의 법칙이 있다. 나쁜 화폐가 좋은 화폐를 쫓아내고 몰아낸다는 것이다. 시쳇말로 비정상적인 것이 너무나 많이 유통되고 인정받다 보니, 오히려 정상인 것이 비정상으로 취급되는 상황을 말하는 것이다.

16세기 영국에서는 은화 등을 화폐로 사용하였다. 영국 정부는 재정상태가 나빠지자. 금속 함유량이 떨어지는 화폐를 발행한다. 이에 따라서 금속 함유량이 낮은 화폐(악화)만 시중에 유통되고 금속 함유량이 높은 화폐(양화)는 유통되지 않게 되었다.

나쁜 돈이 좋은 돈을 쫓아낸다

"Bad money drives out good"
나쁜 돈은 좋은 돈을 쫓아낸다.

학교 등교 시에 교복을 착용해야 한다.

체육복을 입고 등교하는 학생들이 많아졌다.

체육복을 입고 등교해도 된다.

교복착용 후 등교의 학교 교칙은 점차 의미가 없어진다.

수업준비를 해 온 학생보다 안 해온 학생이 너무나 많아서, 선생님이 수업 준비물을 챙겨야 했다. 그리고 학생들은 이것을 당연히 여겼다.

교사와 학생은 수업을 당연히 해야 한다. 나는 수업을 위해 2시간동안 수업지도안을 만들었다. 다음 수업을 위해 학습활동지를 나누어 주었다. 그런데 아이들 표정이 이상하다. 수업을 하고자 하는 내가 이상하다는 표정이다. 기말고사가 끝나고, 고등학교 진학을 위해 모색하는 12월 달의 교실 풍경이다.

수업을 하는 교사와 수업에 참여하는 학생이 비정상인 12월의 학교풍경이다.

품질이 낮은 물건이 양질의 품질대신 유통되는 현상.

불법소프트웨어의 사용이 당연시 되는 경제사회.

약속을 지키는 사람보다 안 지키는 사람이 더 많아서 약속을 지키는 사람이 이상한 사람이 되어버린 사회.

선거 공약(公約)이 공약(空約)인 게 당연한 사회. 그리고 이를 당연하게 여기며 지내는 국민들. 당연한 것이 당연하지 않는 사회는 문제다.

두 눈이 정상인이고 외눈박이가 비정상인이다. 지금의 사회와 문화에서는 외눈박이가 너무나 많다. 오히려 정상이 소수가 되었고, 비정상이 다수가 되었다. 비정상이 정상이 되었다. 비정상이 정상인 사회. 정상은 정상으로 대접해야 하고 비정상은 정상으로 만들어야 한다. 그래야 우리 모두가 살 수 있다.

"Good money drives out bad"
좋은 돈은 나쁜 돈을 쫓아낸다.

100미터 경주가 공정하기 위해서라면 나는 내 모든 수입의 50%를 세금으로 내도 좋다. 왜냐하면 이런 세금혜택을 받은 사람도 나처럼 기꺼이 수입의 50%를 낼 것이라는 확신이 들기 때문이다. 이젠 비정상을 정상으로 고쳤으면 좋겠다. 우선은 나부터라도 노력하고 실천해야겠다.

김형백(웅비백호): 권력자들의 비정상이 정상 노릇으로 간주되는 한심한 우리 나라~~~걱정 꺽정~임꺽정은 어디있노?

이수석: 김형백(웅비백호) 첫 단추를 제가 잘못 끼웠다는 생각입니다. 제가 좀 더 치밀하게 수업을 해 왔다면, 아이들은 12월 달에도 수업에 참여했을 것입니다. 그런데 제가 첫 단추-너무 쉽게 수업을 진행했었다는 반성입니다.

올해는 이렇게 또 반성하고 배웁니다. 내년에는 좀 더 치밀하게 연간계획 - 수업지도안을 짜야겠습니다. 제 성장한 모습을 못 보여 드려 안타깝습니다. ㅋㅋㅋ

그럼에도 불구하고, 전 잠재적 교육과정이 더 큰 교육이라고 생각합니다. 제가 먼저 인사하고 제가 먼저 양보하면, 아이들은 금방 깨닫고 체득하더군요. 복도와 거리에서 먼저 본 사람이 즐겁고 행복하게 인사를 하게 되더군요.

석남중학교 학생들, 그 중에 적응하지 못하는 학생들과 흡연자 학생들에게 교장선생님이 너무 관대하다고 많은 선생님들이 말씀하십니다. 교장선생님은 모범학생과 말썽(?)인 학생 중에서 오히려 말썽피운 학생들 편에 선다는 거였습니다. 교장선생님^^은 오히려 역차별을 하신다는 말씀이었죠.

저도 잠깐 동의했었습니다. 하지만, 말썽부리고 사회적 약자인 그들이 이대로 자라 사회적으로 혼란^^을 주는 시민으로 성장한다면……, 그들로부터 발생하는 사회적 경제적 비용은 얼마나 될까를 생각해 보았습니다. 끔찍하고 상상할 수 없었습니다. 그리하여 지금 확신합니다. 교장선생님의 판단이 옳았습니다. 지금 학교생활에 적응하지 못해 방황하는 학생들의 영혼과 양심에 도덕적 불씨를 심어주기 위해 들이는 비용은 절대 역차별이 아닙니다. 모범학생(?)들도 이와 같은 사실을 더 잘 알고 있을 거라 생각합니다. ^^ 책을 읽다가……. 글을 쓰고, 그러다가 교장선생님 댓글을 보고……, 썼습니다. ^^

10. 정신일까 육체일까?

'인간의 뇌는 물질의 발달된 한 형태일 뿐이고 오직 물질만이 존재한다'는 게 유물론(唯物論)이다. '존재하는 것은 인간의 정신이 인식하는 것이고 오직 정신만이 의미가 있다'는 게 유심론(唯心論)이다. 그리고 '물질과 정신 둘 다가 의미가 있고 이 둘은 서로 상호작용한다'는 게 이원론(二元論)이다.
나는 과연 누구이며 무엇일까?

2015년 9월 27일. 추석차례를 지내러 아버지 산소에 갔다. 나와 아내는 바쁘다는 핑계로 아버지 산소를 5년 만에 찾았다. 아버지 제사와 설명절과 추석명절에는 그래도 큰 형님과 작은 형님이 벌초를 했지만, 나무와 풀이 수북하게 자라서 아버지 산소 찾기가 어려웠다. 아버지와 조상님들께 용서를 빌면서 아버지 산소를 찾아 인사드렸다. 그러다 넝쿨에 걸려 크게 넘어지면서 바닥을 잘못 짚

하드웨어냐 소프트웨어냐?

었다. 명절을 마치고 병원에 가니, 오늘 4번째 손가락의 손 등뼈에 금이 갔다고 했다. 무리해서 중간고사 시험출제와 채점 등등의 일들을 자주 하다 보니, 금갔던 뼈가 결국 부러졌다고 한다.

결국 10월 18일에 수술날짜를 잡고 입원해서 수술대 위에 누웠다. 몸을 함부로 대하고 혹사해서 내 몸은 많이 지쳤고 상해 있었다. 고혈압에 고지혈증에 당뇨였다. 이러저런 고민 끝에 집도의사는 부분마취를 하기로 하였다.

처음으로 마취해서 수술대 위에 누웠다. 두렵다. 무섭다. 수술실로 이동하는데 병원의 이동 팀이 내게 묻는다.

"종교 있으세요?……"
"네! 가톨릭 세례명은 프란체스코입니다. '진리를 보라'는 관선이란 법명도 있어요."
살짝 두려움에 떨고 있는 내게 그들은 말한다.
"저희가 이수석님의 수술이 잘 되길 기도해도 될까요?"
"……어찌 저를 위하여."

그들은 나의 수술이 잘되길 기도하였고, 수술 이후 쾌차하길 빈다며 인사하고 나갔다. 왈칵하는 고마움에 눈물이 어렸다. 내가 저들에게 무엇이기에 저들은 내 수술의 성공을 저리도 진성성 있게 기도한단 말인가. 불안하고 두려운 마음으로 이동 침대에 호송되어 한참을 갔다. 그리고 나는 수술실로 인도되었다.

두 눈을 가리고 수술을 시작하는데, 의사들의 이야기가 들려온다. 가린 눈 사이로 내 손의 이미지가 떠오른다. 매스가 내 손등에 닿는 느낌이 왔다. 손등을 째는 느낌이 왔다. 피가 난다. 눈 감은 내 의식으로는 내 팔을 움직이려고 하는데, 내 팔은 말을 안 듣는다. 집도한 의사는 수술한 내 팔을 놓치지 않으려고 잡고 있다. 잡힌 내 팔이 낯설다. 마취되어 내 통제를 받지 않고 고통을 못 느끼는 저 손은 분명히 내 몸에 속해 있고 이제껏 내 의지대로 움직여온 내 팔이다. 그런데 지금은 내 것이 아니다. 내 팔이 아니다. 4명의 수술에 관련된 의사들이 소독하고 칼로 살을 째어도, 난 고통을 못 느낀다. 내 팔은 오히려 어깨에 상상통만을 느낀다.

엄지와 집게손가락이 붙어 있는 느낌이다. 두 손가락을 떼려고 힘을 써도 의식만 있을 뿐 전혀 움직이지 않는다. 수술을 마치고 깁스한 팔을 들어 올리고 내 의지대로 움직이려하나, 내 팔은 그저 아무렇게나 나뒹군다. 썩은 나무토막처럼 내 팔은 내것이 아니다.

수술을 마치고 마취가 풀리면서 나는 통증을 심하게 느꼈다. 마취가 풀리고 통증을 느끼면서 내 의지대로 나의 팔을 놀리고 손가락을 움직일 수 있게 되었다. 비로소 나의 팔은 내 것이 되었다.

삶과 죽음의 핵심은 자유의지에 따른 의사결정에 있다. 의사결정의 능력이 있으면 살아 있는 것이고, 없으면 죽은 것이다. 뇌사를 살아있다고 하는 이유는 심장이 뛰고 있기 때문이고, 죽어 있다고 하는 이유는 의사결정 능력이 없기 때문이다. 수술대 위의 내 팔은 내 의지대로 움직이지를 않았다.

인간이란 무엇인가에 대한 철학적 물음에 대한 답으로는 3가지가 있다. 유물론(唯物論), 유심론(唯心論), 그리고 이원론(二元論)이다. 유심론은 이 우주를 하나의 거대한 뇌로 보는 것이다. 정신이 모든 것을 결정한다는 입장이다. 유물론은 뇌란 물질의 발달된 또 다른 형태이고, 따라서 물질의 속성에 의해 의사결정이 일어난다는 것이다. 이원론(二元論)은 물질과 정신 이 둘은 이 세계를 구성하고 움직이는 것이라는 입장이다. 따라서 인간은 정신과 육체, 이 둘 모두가 있어야 한다는 입장이 이원론이다. 그런데 물질의 어디에서 어떻게 의사결정이 일어나는가? 내 몸이 죽으면 내 정신은 어디에 있는가? 왜 뇌사판정을 내리는가? 뇌사를 인정한다는 거 자체가 이미 인간은 정신적 존재라는 걸 강조하는 것이잖은가? 하지만 심장이 뛰지 않으면 정신도 사라지고 만다.

우리 몸을 컴퓨터로 비유하면 쉽다. 컴퓨터의 하드웨어가 있어야만 소프트웨어는 작동한다. 하드웨어는 실재론으로서 유물론이라 할 수 있고, 소프트웨어는 관념론으로서 유심론이라 할 수 있다. 그리고 이 둘 모두를 인정하는 것을 이원론이라 한다. 이원론은 실재론도 아니고 관념론도 아니며 상호작용론이다. 중요한 것은 의사결정이 진정 어디서 일어나는가이다.

우리는 형식보다 내용이 중요하고, 껍데기보다 알맹이가 중요하다고 배운다. 그런 이유로 육체보다는 정신이 중요하다고 이야기한다. 정신만 차리면 호랑이에게 물려가도 산다고 강조한다. 하지만 지금의 나는 생각이 다르다. 손가락 접합 수술을 했을 때의 그 감정과 공포로만 따져도 내 정신은 육체의 상태에 따라 바뀌었다. 컴퓨터의 하드웨어가 있어야지만 소프트웨어가 작동한다. 하지만 소프트웨어가 없는 하드웨어는 고철덩어리에 불과하다. 하드웨어와 소프트웨어는 공존해야 한다. 따라서 정신과 육체는 서로 영향을 주고받는다.

도대체 나는 정확히 무엇일까? 정신일까, 육체일까, 아니면 둘 다일까?

SNS(Social Network Service)

임원영: 둘 다이지요. 인간을 정신과 육체로 나눈다는 거 자체가 문제이지요. 컴퓨터도 마찬가지라고 생각해요. 아니 모든 사물은 그 사물을 이루는 원리에 따라 변화 발전되었다고 봐요. 제 개인적으론 우선순위가 정신이 먼저라는 생각! 새로운 기계적 연산장치를 어떻게 만들까라는 아이디어-정신이 먼저 있었고, 그 원리(정신)에 따라 컴퓨터가 만들어지고, 다시 다양한 소프트웨어가 발전했다고 봐요.

김진숙: 하늘을 날 수 있다는 생각으로 비행기를 만들었다지만, 맨몸으로는 하늘을 날 수 없잖아요. 아무리 소프트웨어 기술이 뛰어나다 할지라도 그걸 수행할 수 있는 하드웨어가 없으면 작동할 수 없지요. 그래서 정신이 중요하다고는 해도, 그걸 뒷받침해줄 육체적 능력이 없으면 그 모든 게 의미 없죠.

이수석: 김진숙선생님의 말씀에 동감합니다. 하지만 소프트웨어의 발전은 오히려 하드웨어의 발전을 이끌기도 했잖아요? 인간의 정신과 육체처럼, 컴퓨터의 하드웨어와 소프트웨어를 떼 놓고 생각한다는 것은 불가능하다고 봐요. 이 둘은 서로 영향을 주고받으면서 변화 발전한다! 고 봐요. …무엇이 우선이냐는 질문에는 정신이 우선이지만, 무엇이 먼저 있었느냐는 질문에는 물질 - 육체, 하드웨어가 먼저라고 생각해요.

2
나는 이수석이다

몇번이나 조용히 해 달라고 부탁하고 소리쳤지만, 호기심 많은 민철이와 장난꾸러기 영호는 선생님의 말을 무시하고 더 난리더구나. 민낯이 훨씬 더 예쁜 다혜는 거울을 보며 화장하기에 정신이 없고, 소연이는 모자를 뒤집어쓰고 엎드려 잤다. 견딜 수 없고 참을 수 없었던 선생님은 '나는 지금 무척 기분이 나빠요. 3학년 3반! 조용히 자리에 바르게 앉아 주세요!'라고 칠판에 썼다. 30초 정도 지나자 서로 다독이며 아이들이 조용해졌다.

어떤 수업시간

"너희들은 그 무엇이 될 수 있는 '씨앗'이다. 공부를 잘하는 사람, 축구와 농구 등의 운동을 잘하는 사람, 댄스에 소질이 있는 사람, 음악을 좋아하는 사람, 미술 등의 예술 활동에 관심 있는 사람, 무언가를 만들고 창작에 관심을 보이는 사람……. 다양한 꿈과 소질을 갖고 있는 너희들을 대상으로 똑같은 수업을 똑같은 방식으로 대했다. 미안하구나. 지금부터 자신이 하고 싶은 일이 무엇인지, 왜 그 일을 하고 싶으며, 어떻게 하면 여러분 자신이 하고 싶은 일을 이룰 수 있는지 친구들과 협동해서 발표하기로 하자. 지금 이 시간이 부족하면, 다음 시간까지다. 다음 시간에는 최소 1분에서 최대 3분까지 발표할 수 있도록 준비해 주기 바란다."

자기들이 해야 할 일이 무엇인지를 찾자 아이들은 서로 묻고 답하며 자신만의 답을 구하기 위해 움직이기 시작했다. 비로소 아이들이 살아나기 시작했다. 교실이 살아났다.

SNS(Social Network Service)

임원영: 실시간 수업을 보는 거 같아요.

김진숙: 질문 있어요~~~ 수행평가라고 협박 안하면 발표도 안하려는 애들 어떻게 하면 좋을까요? ^^;;

이수석: 김진숙 간절한 기다림의 이쁜 고양이 눈빛으로 기다립니다. 측은지심이 발동한 한 아이가 시작하면 다른 아이들이 이어서 움직이더군요. 기다림의 미학!

김형백: 넝쿨에 걸려 넘어져 손을 다치고 와서 "아비지께 불효를 해서 벌을 받아 다쳤다"고 나에게 전하는 말에 지극한 효심이 담겨 있더라구요. 그 후 나와 점심 식사를 함께 할 때 오른손이 부상을 당해 동여 메고 왼손만으로 반찬을 집는 모습이 안타까워 대신 반찬을 집어 주었던 일이 생각나네요. 암튼 수술 잘 받고 원상회복이 되어 자연스럽게 오른손을 사용할 수 있어서, 대신 반찬을 집어 주지 않아도 되니 다행이예요~~ㅋㅋ

1. 사람답게 산다는 것은

'개와 돼지는 영원히 살 것처럼 영원히 누릴 것처럼 쌓고 숨기지도 않는다. 오직 인간만이 오지도 않은 내일, 미래를 위해서 저축한다. 마치 영원히 살 것처럼 영원히 누릴 것처럼…….'

사람이면 다 사람이냐

우리 속담에 '사람이면 다 사람이냐? 사람이 사람다워야 사람이지'라는 말이 있다. 사람은 순 우리말이다. '살다'라는 동사에서 '살림'이란 명사가 나왔고, 다시 '삶'이란 명사도 나왔다. 여기서 나온 말이 '사람'이다. 결국 사람은 '살다'란 동사에서 나왔다고 할 수 있다. 어떻게 사는 게 사람답게 사는 것일까? 잘 살아야 사람이라 할 수 있다. 짐승의 탈을 쓴 것처럼, 짐승만도 못하게 살지는 말아야 한다.

그런데 지금은 사람 노릇을 할 줄 모르는 사람이 많다. 아니 개, 돼지만도 못한 인간들이 너무도 많다.

짐승만을 잡아먹는 호랑이

우리나라에는 호랑이가 참 많았다. 조선시대에는 대낮에도 한양 (서울) 한복판에 호랑이가 나타났다. 그런데 이 호랑이는 영물이기 때문에 본래 사람을 안 잡아먹었다. 호랑이가 잡아먹은 사람(?)들은 모두 사람의 탈을 쓴 늑대, 여우, 개, 돼지, 소, 염소, 멧돼지 같은 짐승들이었다. 그래서 우리 옛 조상들은 부모형제 몰라보고 조상 무시하며 낮은 데로 임할 줄 모르는 사람 같지 않은 사람들을 '짐승만도 못한 놈!'이라고 욕을 하며 말도 섞지 않았다.

영물인 호랑이는 이런 짐승만도 못한 사람들을 잡아먹었다고 한다. 그런데 그 많던 호랑이들이 지금은 사라지고 없다. 미국의 사냥꾼과 일본의 사냥꾼들에게 너무나도 허무하게 잡혀 죽었다. 그래서인지 요즘에는 정말 사람 같지 않은 인간들이 너무나 많다.

짐승만을 잡아먹는 호랑이

"이 개, 돼지만도 못한 놈아!"

'이 개, 돼지만도 못한 놈아!'라는 말은 인간에 대한 욕일까, 개, 돼지에 대한 욕일까?

흔히 정치의 세계를 일러 개판이라고 한다. 하지만 개들은 인간들처럼 권모술수를 쓰지 않는다. 배신하지 않는다. 그들은 배가 부른데도 내일을 위해 욕심을 부리며 저축하지도 않는다. 배신과 음모로 인간의 삶을 엉망진창으로 만드는 정치를 사람들은 '개판'이라고 표현한다. 이 말을 개들이 듣는다면 얼마나 속상하고 억울할 것인가? 개들은 인간들만큼 비열하고 파렴치하게 속임수를 쓰며 동족을 속이지 않는다.

돼지는 먹이사슬에서 제일 높은 곳에 있지 않다. 포식자의 공격으로부터 자신을 보호하기 위해 긴장하며 산다. 포식자의 예고 없는 공격으로부터 피하기 위해서는 밥통을 가득 채우지 않는다. 밥통을 가득 채우면 몸이 무거워 도망치기 어렵다. 그래서 돼지는 아무리 맛있는 음식이 있어도 자기 밥통의 70~80% 만 채운다.

지금 한국의 여러 가지 사건과 사고를 보면서, '에이 개, 돼지만도 못한 연놈들!'이라는 말이 떠오른다. 그리고 공연히 개와 돼지에게 미안하고 쪽팔리기도 하다. 개와 돼지는 자신의 권력욕(?)과 이기심, 그리고 욕심 때문에 동족을 죽이거나 희생시키지는 않는다. 아무리 많은 속임수를 쓰더라도 마주보고 있는 적을 이기기 위한 것일 뿐이다. 아무리 맛있는 음식이라 해도 목구멍까지 차고도 넘치도록 처먹지는 않는다. 그런데 인간은 그렇게 처먹고, 영원히 누리고 살 것처럼 더 많이 가지려고 속이고 욕심을 부리며 저축한다.

'사람(四覽)' 다워야 '사람'이지

개와 돼지는 주제를 파악하는 품위(?)와 격을 지킨다. 속여도 살기 위한 만큼만 속인다. 욕심을 내어 먹어도 밥통의 70~80%까지만 먹는다. 영원히 살 것처럼 영원히 누릴 것처럼 쌓고 숨기지도 않는다. 그런 그들에게 '이런 개, 돼지만도 못한 연놈들!'이라 말하면, 듣는 그들은 무척 불쾌해 할 것이다. 다행이 개와 돼지는 인간의 말을 알아듣지 못한다.

지금 대한민국에선 개돼지만도 못한 인간들 때문에 엄청난 일이 벌어졌다. 완료형이면서도 언제나 진행형으로 이루어지고 있다. 끊임없는 부정과 비리가 있었고, 이로 인해서 상상할 수 없는 사건과 사고가 일어났다. 그리고 지금도 어디선가 불법적으로 자신의 이익만을 위해, 자신들만의 이익을 추구하기 위해 무인칭 다수의 사람들을 희생시킬 음모는 진행 중이다.

나는 사람다운 사람으로 살고 싶다. '사람'은 '살다'라는 동사에서 나온 '삶'이란 명사에서 나온 우리의 고유한 말이다. 나는 이 '사람'을 네 군데를 볼 수 있어야 한다는 '사람(四覽)'으로 새롭게 정의한다. '사람(四覽)'을 갖고 이야기를 진행하는 것은 언어 유희이기도 하다. 동시에 인간과 세상에 대한 나만의 재해석이기도 하다.

사람이라면, 잘한 일에 대해서는 자부심을 가지며 더 잘하려고 노력한다. 잘못한 일에 대해서는 반성하며 그 행동을 고치려고 노력한다. 본받을 어른을 스승으로 삼아 배우고 익히려고 노력한다. 사람이라면, 후배와 학생들을 두려워하여 자신의 행실을 바르게 하려고 노력한다. 결국 사람이란 앞과 뒤, 위와 아래를 볼 수 있어야 한다.

앞을 보아서는 무엇을 하며 어떻게 살아야 할 것인지에 대한 꿈과 비전(Vision)을 갖고 있어야 한다. 뒤를 보아서는 자신이 실천한 일에 대해서 반성(反省)할 줄 알아야 한다. 위를 보아서는 믿고 따를 스승을 통해 배우고 익혀야 한다. 끝으로 아래(下)를 보아서는 후배나 학생에게도 부끄럽지 않은 선배의 모습을 보여주면서, 배울 것은 배우는 겸손함으로 낮은 데로 임할 수 있어야 한다.

그런데, 요즘에는 사람 같지 않은 인간들이 너무나 많다. 왜 그럴까?

그건 '사람의 탈을 쓴 짐승만을 잡아먹는 호랑이'가 적기 때문이다. 이 사회에 사람의 탈을 쓴 '사람 같지 않은 사람'을 잡아먹는 호랑이가 많았으면 좋겠다. 나는 그 호랑이를 기르고 키우는 교사이고 싶다. 나도 그런 호랑이가 되고 싶다.

SNS(Social Network Service)

김진숙: 앞과 뒤, 위 아래를 볼 수 있는 사람! 멋진 언어유희네요. ~~ㅎ 호랑이가 무지 많아야 될 거 같아요. 먹잇감이 너무 많거든요. 아~~ 정말 그런 호랑이가 있었으면 좋겠다. ~~~~ ^^

이수석: 국민들이 그 호랑이였답니다. 김진숙선생님이 건강을 빨리 찾아서 예전처럼 호랑이가 다시 되시지요! 서울역, 시청 광장에서 선생님을 다시 뵙고 싶습니다.

나는 자식을 둔 부모다. 아버지, 어머니의 자식이기도 하다. 나는 그 누구의 형이고 동생이다. 그 누구의 선배고 후배다. 여러분에게 올곧게 살라며 모범을 보여야 할 어른이다. 그리고 또 나는……, 학생들에게 옳은 것은 옳고 틀린 것은 틀리다고 말하도록 사람을 가르치고 배우는 선생이다.

나는 죽을 때 죽을 줄 알고 살 때 살 줄 아는 사람으로 살겠다. 한 번 죽어 영원히 사는 길과 한 번 살아 영원히 죽는 길의 선택이 있다면, 나는 한 번 죽어 영원히 사는 길을 택하겠다. 혹시라도 내가 죽어야 할 때 죽지 못해 산다면……, 그때는 너희가 호랑이가 되어 나를 죽여 다오. 그리하여 다시는……, 다시는 사람 같지 않은 짐승의 탈을 쓴 사람(?)이 사람 꼴을 하고 다니는 세상이 없도록 해 주렴.

너희들이야말로, 앞과 뒤, 위와 아래를 두루 살필 줄 아는 사람들이잖니. 아직 사람 노릇을 못하고 있다면, 사람 되기 위한, 사람 공부를 할 수 있는 게 너희들이다. 사람 공부하는 너희들은 '사람 같지 않은 연놈들, 개, 돼지만도 못한 연놈들'을 잡아먹는 호랑이가 되어다오. 그리하여 부끄러움과 염치를 아는 인간들만이 사는 세상을 만들어 다오. 너희들이 사는 세상은 선생님과 아빠가 살았던 세상보다는 훨씬 정의롭고 따뜻한 세상이 되어야 하지 않겠니?

2014년 4월 16일에 제주도로 향하던 세월호에는 탑승객이 476명

타고 있었다. 이 가운데 사망자는 295명 구조자는 172명 실종자는 9명이다. 정말 안타까운 건 제주도로 수학여행을 가던 단원고 2학년 학생들의 죽음이다. 세월호 참사 사망자 294명 중 단원고 학생이 251명, 일반인 희생자는 43명이다.(2016년 2월 22일) 더욱 안타깝고 화나는 일은 실종자 수색작업 중이던 민간잠수사 1명이 사망했다는 사실이다.

미안하다. 잘못했다. 얼마나 무서웠니? 얼마나 두려웠니? 세상을 바꾸마. 대한민국을 바꾸겠다. 투표를 하마. 약속할게. 투표율이 90% 이상이면 살기 좋은 세상, 잘사는 대한민국의 출발은 될 수 있겠지. 내가 알고 있는 투표권을 갖고 있는 모든 사람에게 투표하자고 읍소할게. 그리고 다시 미안하다, 잘못했다고 용서를 빌러갈게. 너희들은 내 마음 속에 살아있단다. 투표하마. 지켜봐다오.

사람다운 사람을 뽑도록 할게

사람다운 사람을 뽑기 위해서, 나는 뽑을 사람을 적어가마. 7장이나 되는 투표용지에 제대로 기표하기 위해서, 종이에 적어갈게. 아무리 선생이라도 배우고 익히는 데 게으름을 피워서는 안 되겠지? 순종할 때는 순종하지만, 저항할 때는 저항하기도 하는 학생이 인정받는 사회와 교육 현장이 되기 위해서, 사람 같지 않은 사람을 잡아먹는 호랑이를 키우기 위해서는, 새로운 교육철학을 가진 교육감이 들어서야 되잖겠니? 그리고 나는 사람 같지 않은 사람을 잡아먹는 호랑이를 키우고 싶은 교사잖니? 그래서 선생님은 이렇게 메모를 해 가려고 해.

1. 시·도교육감 선거 - 인천광역시 교육감 ○○○

2. 시·도지사 선거 - 인천광역시 시장 ◇◇당 ○○○

3. 구·시·군 의장 선거 - 인천광역시 서구청장 ◇◇당 ○○○

4. 지역구 시·도의원 선거 - 인천광역시 시의원 ◇◇당 ○○○

5. 지역구 구·시·군의원 선거 - 인천광역시 구의원 ◇◇당 ○○○

6. 비례대표 시·도의원 선거 - 인천광역시 비례대표 시의원 ◇◇
   당 ○○○

7. 비례대표 구·시·군의원 선거 - 인천광역시 비례대표 구의원
   ◇◇당 ○○○

교육감만 빼고 나머지 6명은 정당이 있구나. 확실히 메모해서 착각하는 일 없이, 사람다운 사람에게 기표해서 투표할게. 투표율이 90% 이상이면 세상은 확실히 변하겠지.

SNS(Social Network Service)

김진숙: 투표권이 생긴 이후 한 번도 빼먹지 않고 투표했는데, 왜 세상은 이런 걸까요? ㅠㅠ 그래도 포기하지 않고 세상이 바뀌는 그 날까지!!! 파이팅!!!
김형백: '닭의 모가지를 비틀어도 새벽은 온다'는 말이 실감이 나는 세상이네요~!
이미영(학부모): 별이 된 아이들에게 했던 약속… 참어른이 되겠다고…,
그때까지 풀뿌리부터 공부하고 또 공부해서 똑똑한 실천하자고 동네사람들부터 부추기겠습니다!

2. 그래도 태양은 뜬다

'1:29:300의 법칙을 아니?
큰 업적을 이룬 사람들은 그것을 위해 이미 29개의 작은 실적과 300개의
더 작은 실적을 경험했다. 여러분이 익히 알고 있는 칭기즈 칸이 그랬고,
이순신 장군이 그랬고, 나폴레옹이 그랬고, 또……, 당신이 그럴 것이다..'

세월은 가고 또 오는 것. 가는 세월 잡지 못하고 오는 세월 막지
못한다. 하지만 세월이 흐르면서, 내 제자들이 내 자식들이 조금 더
나은 세상에서 살기를 바라는 것도 스승과 부모의 마음이다. 내 제
자와 내 아들 딸이 부디 나보다 낫기를 바라고 더 좋은 세상에서
행복하게 살기를 바라면서 아이들의 소망을 다시 적어본다.

"안전한 나라, 위험이 없는 나라가 되었으면 좋겠어요. 그래서 국
가의 보호 안에서 제가 이루고
싶은 꿈을 이루기 위해 최선을
다할 수 있는 나라가 되었으면
좋겠어요."

행복하고 당당하게

"경제가 살아났으면 좋겠어요.
엄마 아빠의 수입도 늘어나고
저도 용돈을 올려 받았으면 좋
겠어요."

"무상급식과 무상교육이 정착되었으면 좋겠어요. 무슨 무슨 보호 대상자, 한 부모 자녀 등등의 주홍글씨가 없는 평등한 학교생활이 되었으면 더욱 좋겠어요."

"부정과 비리가 없었으면 좋겠어요. 돼지나 개만도 못한 어른이 사라졌으면 좋겠어요. 아니, 그런 어른들이 살 수 없는 깨끗한 나라가 되었으면 좋겠어요."

"아빠와 엄마가 저 때문에 힘들어 하지 않았으면 좋겠어요. 학원비와 방과 후 학교 활동비, 기타 등등의 교육비가 너무 많아요."

"저희들이 가고 싶은 학교가 되었으면 좋겠어요. 너무 꽉 짜인 시간표대로 살기에는 재미가 없어요. 1등부터 꼴등까지, 사실 모든 게 서열화 되어 있잖아요. 이런 거 어떻게 바꿀 수 없을까요?"

"저의 진로를 제가 결정했으면 좋겠어요. 부모님의 대리만족을 위해서 살고 싶지 않아요. 제 자신의 적성에 맞는 진로를 찾고 싶어요. 고등학교 수능 성적에 맞춰 대학과 학과를 나와서, 별 재미없는 일을 하며 인생을 살고 싶지 않아요. 재능과 끼를 발휘하며 살아도 잘 살 수 있는 사회를 어른들이 만들어 주었으면 좋겠어요."

"열심히 하는 것과 잘하는 것은 다르다면서요. 그럼 잘하는 것을 열심히 할 수 있도록 하는 제도와 사회를 만들어 주세요. 그럼 우리도 행복해지잖아요."

광고 저널리스트 박웅현씨는 '행복은 발견의 대상이지 추구의 대상이 아니다'는 멋진 말을 했다. 사람들은 행복을 밖에서 찾으려고만 한다. 그것도 멀리 있고 거창한 곳에서만 찾으려고 한다. 그래서 사람들은 자신이 행복한 이유를 깨닫지 못한다. 더 안타까운 건 다른 사람과 비교 속에서 행복을 찾으려고 한다.

'난 왜 저애처럼 공부를 잘하지 못할까? 난 왜 저애처럼 키가 크지 않을까? 우리 집은 왜 저 집처럼 부자가 아닐까? 우리 아빠는 왜 저 친구의 아빠처럼 멋있지 못할까? 엄마는 왜 고등학교 밖에 안 나왔어? 왜 우리 집은, 왜 나는, 왜……. 왜…….'

성공하지 못한 사람들은 한 가지 공통점이 있다. 그건 무엇이든지 꾸물거린다는 거다. 누가 불러도 어떤 상황이 닥쳐도 꾸물거리기만 하지 달려 나가는 법이 없다. 아주 좋은 기회인데도 꾸물거리다가 놓쳐 버리고, 반드시 피해야 할 위험인데도 미련을 두고 머뭇거리다 그 위험을 그대로 맞이한다.

반면에 성공한 사람들은 언제나 준비하고 있다. 가장 빨리 움직이기 위해 준비한다. 위기가 닥쳤을 때도 위험을 피하고, 기회가 오면 그 기회를 잡을 수 있도록 준비한다. 사실 위기라는 건 위험과 기회의 이중적인 면을 갖고 있다.

위기와 기회는 언제 어디서나 만날 수 있다. '다음'이란 말은 의미가 없다. 지금 이 순간, 지금 하고 있는 일, 그리고 지금 만나고 있는 사람이 나에겐 언제나 기회이면서도 위험이 될 수 있다. 지금 접하는 작은 기회를 소중하게 여겨야 한다. 자신의 것으로 만들어야 한다. 다음에는 조금 더 큰 기회가 올 거고 잡을 수 있다. 한 번에 모든 것이 급작스럽게 오는 건 없다. 천천히 단계를 거치면서 온다. 그게 자연의 이치이고 인생의 법칙이기도 하다. 위기와 기회는 인간에게 준비할 시간을 준다.

1920년대 미국의 한 보험회사의 직원이던 허버트 H. 하인리히 (Herbert W. Heinrich)는 이걸 통계로 분석했다. 그는 5천여 건에 달하는 노동재해를 통계, 분석하였다. 그리고 하나의 공통점을 발견했다. '대형사고 한 건이 발생하기 이전에 이와 관련 있는 소형사고가 29회 발생하고, 소형사고 이전에는 같은 원인에서 비롯된 사소한 징후들이 300회 나타난다.'는 사실이었다. 1 대 29 대 300 통계를 근거로 하인리히는 '산업재해 예방: 과학적 접근'이라는 책을 집필했다.
 - 〈하인리히 법칙〉, 김민주 저, 도서출판 토네이도, 2008)

이제 발상의 전환을 해 보면 어떨까? 큰 성공을 이루기 위해서는 작은 일에 최선을 다하자. 그 작은 일들은 쌓이고 쌓이면서 하나의 성공과 성상의 핵이 된다. 그 핵이 구르고 굴러 크나큰 일을 이루어 낸다. 이것이 산업재해 예방에서 성공과 성장을 위한 방법의 '역(逆)하인리히 법칙'이 아닐까?

이 세상 어느 누구도 한 번에 커다란 일을 해낼 수는 없다. 큰 업적에 이르기까지 수많은 작은 실적이 있기 마련이다. 큰 업적을 이룬 사람들은 그것을 위해 이미 29개의 작은 실적과 300개의 더 작은 실적을 경험했다. 여러분이 익히 알고 있는 칭기즈 칸이 그랬고, 이순신 장군이 그랬고, 나폴레옹이 그랬고, 또……, 당신이 그럴 것이다.

'어느 날 갑자기 성공이 나에게 찾아왔다.'고 말하는 사람은 없다. 성공이란 말이 부담스럽고 너무 경쟁적이라면 '성장'이라는 말을 쓰자. 어른이 단순히 나이만 먹는다고 어른이 되는 건 아니다. 수많은 시행착오를 거치면서 실패와 성공을 거듭했다. 그리고 그걸 지혜롭게 견뎌온 사람들이 어른이다.

여러분의 아빠와 엄마의 손과 발을 한번 잡아 살펴보자. 마디와 마디는 엄청 굵고 거칠다. 그 손과 발에 쓰여 있는 세월 속의 수많은 상처와 슬픔과 실패는 도대체 무엇이었을까? 그 손과 발의 마디마디에 있는 또 다른 기쁨과 성공은 또 무엇이었을까? 그리고 오늘까지도 버티고 견디는 힘은 어디에서 나오는 거고, 그 힘은 무얼까?

그 힘의 원천은 '그래도……'라는 미래에 대한 희망이고, 바로 너희에 대한 기대감과 책임감이다.

그래도 내일 다시 태양은 뜰 것이다. 똑같은 태양이지만, 그 태양은 어제와 똑같지는 않다. 세월은 가고 오는 것이다. 날마다 새로운 태양이 뜨는 것처럼, 오는 세월은 언제나 새롭다. 이제 다시 시작이다. 힘내자! 세월호는 갔어도 우리 기억에는 남아있다.

SNS(Social Network Service)

이희영: 학교현장에서 이처럼 아이들의 생각을 다양하게 듣고 계시다면…….
학교가 변할 거라고 믿습니다.

김진숙: 아이들에게 미안해 죽겠습니다. 이런 나라를 물려주게 되어서…….
1960년 4.19혁명, 1987년 6월 항쟁, 짧은 시간에 이렇듯 치열하게 민주주의
쟁취를 위한 투쟁을 벌이고도……. 나라꼴이 이 모양이어서 죄스럽습니다…
…. 아이들이 살아갈 힘겨운 미래가 보여 마음이 아픕니다…….

박봉숙: 아하! 아이들의 바람에서 학교가 나아가야 할 방향이 보이는군요.

김진숙: 어쩐지 내가 꾸물럭대더라니…. ㅠㅠ

김형백: 호랑이와 사슴이 함께 뛰어노는 아름다운 세상을 꿈꿔 봅니다.

3. 성인들에게 묻는다

"법이란 물이 가는 것일세. 물은 언제나 높은 곳에서 낮은 곳으로 흐르네.
그리고 낮은 곳으로 흐른 물은 형평성을 갖네.
모두가 평등하게, 모든 물이 같은 높이를 갖게 되는 것이지.
……결국 물은 하나의 원리를 그대로 지키며, 모두를 평등하게 대우하려는
것일세."

책 읽는 재미에 다시 빠졌다. 한권을 꾸준히 읽지 못하는 나는 상당히 산만하게 책을 읽는다. 읽던 책이 화장실에도 있고 머리맡에도 있고 거실에도 있다. 그리고 학교에서는 또 다른 책을 읽는다.

책을 읽다가 문득 의문이 들었다. 그리하여 소크라테스, 공자, 맹자, 그리고 내 삶에 영향을 준 많은 학자들을 불러 모셨다. 그리고 나는 그들에게 질문하였다.

소크라테스와 대화

"소크라테스님! 당신은 악법도 법이라는 말을 하셨나요?"

"아니, 나는 그런 말을 한 적 없네."

"그런데 왜 많은 사람들이 그렇게 알고 있지요? 제가 어렸을 때 보았던 교과서에도 당신이 한 말이라고 나와 있던데요."

"오해일세. 아니 음모일세. 나는 그렇게 말 한 적이 없네. 그런 말을 한 사람은 자네가 어렸을 때 존경하여, 그의 죽음 앞에서 향을 사르며 복수의 다짐까지 했던 박정희씨 일걸세. 그는 자신의 유신 독재를 정당화하기 위하여 해바라기성 학자와 교수들을 앞세워, '악법도 법이다'라는 말을 내가 했다고 한 거지. 결국 악법도 법이다고 한 사람은 박정희라고 할 수 있네."

공자, 맹자, 소크테스와의 대화

공자와의 대화

"공자님! 도대체 법이란 무엇인가요?"

"법이란 물이 가는 것일세. 물은 언제나 높은 곳에서 낮은 곳으로 흐르네. 그리고 낮은 곳으로 흘러서 고인 물은 형평성을 갖네. 모두가 평등하게, 모든 물이 같은 높이를 갖게 되는 것이지. 결국 물은 하나의 원리를 그대로 지키며, 모두를 평등하게 대우하려는 것일세. 그것이 법의 원칙일세. 모두를 평등하게 대우하는 것과 하나의 원칙을 인간 모두에게 똑같이 적용한다는 것일세."

"만약 그 법이 약자에게 가혹하고 강자에게 부드럽다면, 어떻게 합니까?"

"그건 법의 기능을 상실한 걸세. 따라서 그 법은 고쳐야 하네."

"당신은 임금은 임금다워야 하고, 신하는 신하다워야 하며, 아버지는 아버지다워야 하며 아들은 아들다워야 한다고 하지 않았습니까? 만일 그 임금과 신하, 아버지와 아들이 그들답게 살거나 행동하지 못하면 어떻게 해야 합니까?"

"그건……."

맹자와의 대화

"맹자님의 말씀을 청합니다. 당신은 어떻게 생각하시는지요?"

"임금과 신하는 사회적 관계고 인륜일세. 아버지와 아들은 자연적 관계고 천륜일세. 만약 임금이 임금답지 못하면 그 임금을 깨우쳐야 하네. 몇 번의 깨우침과 반성의 기회를 주었는데도, 고칠 생각을 하지 않으면, 그 임금을 갈아야 할 것이네. 그것이 사람과 사람 사이에 지켜야 할 예의고 도덕일세."

"그걸 역성(易姓)혁명이라고 하는 건가요?"

"그렇다네. 잘 알고 있구먼. 하지만 아버지와 아들의 천륜 관계는 다르네. 어찌 부모 없이 자네가 이 세상에 태어날 수 있었겠는가? 그만한 지혜는 자네도 갖지 않았는가?"

다시 소크라테스와의 대화

"소크라테스님! 당신의 말처럼, 당신은 죄가 없었잖소. 그런데도 아테네의 법은 당신에게 사형을 선고했소. 더군다나 당신은 그 법을 무시하고 아테네를 탈출할 수 있었는데도, 독미나리 즙을 마시고 죽었소. 그래서 박정희와 그 일당들은 말하지요. '위대한 성인 소크라테스도 '악법도 법이다.'며 독배를 마셨다. '악법도 법이니 지켜라!'며 유신악법을 대한민국 국민들에게 강요했소. 악법도 법이기 때문에 지켜야 하는 것이오?"

"악법도 법이니 지켜야 한다! 음… 꼭 그런 것만은 아니라네. 고쳐야 할 악법은 고쳐야 한다고 생각하네. 악법도 법이라며 무조건 지키기만 한다면, 그 악법은 어떻게 고쳐지겠는가. 노예법과 신분법은 어떻게 없어졌는가? 유신악법은 어떻게 없어졌는가? 모든 사람들이 법이라는 이유로 잘못된 법이라도 지키기만 한다면, 그 악법은 고칠 수 없네. 인간의 역사는 발전하지 못할 것이네. 악법에 의해서 고통 받고 차별받았던 많은 노예나 상민, 오늘날 대한민국의 약자나 노동자들, 나아가 외국인 노동자들의 인권 개선은 법을 개정해서 얻을 수 있었네. 악법은 법을 어겨서라도 고쳐야 한다네. 내가 독배를 마시고 죽음을 택한 것은 아테네의 악법에 항의한 것이었다네."

"그게 무슨 말 같지 않은 말인가요?"

"법으로 다스리는 법치주의에는 형식적 법치주의와 실질적 법치주의가 있네. 법의 안정성과 지속성을 위해서 법은 지켜야 한다는 게 형식적 법치주의지. 하지만 법은 인간과 인간, 인간과 사회, 사회와 사회의 관계를 보다 윤택하고 좋게 만들기 위해 약속으로 만들어진 것 아니겠는가? 이 때문에 법은 인간의 삶과 사회가 변하면 거기에 맞게 변해야 한다는 게 실질적 법치주의네."

"어렵군요. ……쉽게 이야기해주세요."

"……인간과 사회의 변화를 따라가지 못하며 현재 인간의 삶을 억누르는 법은, 고쳐야 하네. 법은 실정법 위반이라며 탄압할 것이

네……. 많은 사람들이 고통을 받을 수도 있네. 나도 사실 죽었지 않나? 법을 고치자는 자네들의 생각은 점점 많은 사람들의 공감을 얻어 갈 것이네. 인류의 역사는 그렇게 변하면서 발전한 것이네."

○ SNS(Social Network Service)

천영기(학산포럼 상임대표): 음~~~, 결국 갈아야 하는 것인데. 시간이 흐르길 기다릴 것인가? 혁명을 기다려야 할 것인가? 저들은 무한탐욕의 시대를 열었고, 가진 거 없는 우리들은 탐욕의 꼬랑지를 잡으려 이리 뛰고 저리 뛰고. 시간이 지나 탐욕의 수레바퀴에서 내린 아이들은 또 어떻게 해야 하는가?!

김진숙: 역성 혁명처럼 어려운 걸 하는 것도 아닌데... 임금을 가는 것도 아닌데... 투표로 갈 수 있는데... 아닌 걸 바꾸는 게 너무도 쉬운 세상인데... 아! 언제쯤 바뀔까요? ㅠㅠ

권정희: '악법도 법이다.' 소크라테스가 한말이 아니고, 고대 로마의 법률 격언. 법은 엄하지만 그래도 법이다. 라틴어(Dura lex Sedlex)에서 왔다네요.

김진숙: 악법을 고쳐도 부족할 판에 새로운 악법이 갈수록 늘어나고 있어요. 있는 법도 잘 지켜지지 않는 세상이지만요... 특별법을 시행령이 엉망으로 만들기도 하구요...

다시 맹자와의 대화

"오늘(2014년 7월 2일) 전국교직원 노동조합의 조합원 교사와 비조합원 교사들 1만 2,244명은 세월호 참사의 정부 책임을 제기하고 박근혜 대통령 퇴진 운동을 촉구하는 2차 교사 선언을 발표했습니다. 법외 노조 판결까지 받은 상태에서 박근혜 정부와 전쟁을 선포한 것이지요.

'박근혜 정권은 세월호 사건의 진상규명을 위한 국정조사는 지지부진한 채 아까운 시간만 흘려보내고 있다.'

'대통령에게 철저한 진상규명과 책임자 처벌, 참사 재발 방지 대책 마련을 위한 의지가 남아있는지 의심하지 않을 수 없다.'

'박근혜 정부는 전교조를 법 밖으로 내몰았다.'

'우리 교사들은 전교조 법외노조화로 인해 참교육 25년, 정성껏 쌓아올린 학교혁신·교육민주화·무상교육 등 소중한 성과가 수포로 돌아갈 것을 우려한다.'

맹자님! 교사들의 이와 같은 소리를 귀담아 듣지 않는 임금이라면 어떻게 해야 합니까?"

"진실을 참언하는 한두 명 신하의 입은 막을 수 있네. 하지만 수백 수천 지식인의 입을 막은 권력은 망한다네. 그리고 수만 수십만 수백만 백성의 고통을 외면하는 권력은 패가망신한다네. 망하지 않고 역성혁명의 대상이 되지 않으려면 민심에 귀를 기울여야 한다네. 듣지 않으려고 노력해도, 민심이 떠나기 때문에 자연히 알게 된다네. 기다리시게. 그리고 차분히 행동하시게. 자네 나라에 김대중이란 대통령이 말했다고 들었네.

'행동하지 않은 양심은 악의 편이다.'

때가 되면 하늘이 알고 땅이 알고, 백성이 알고, 그대가 알고 내가 안다네."

"악법은 법을 어겨서라도 고쳐야 한다는 말인가요?"

"그게 인류의 역사고 그게 진리라네. 자네가 공부해서 알고 있지 않는가? 내가 한마디 더 하겠네. 절이 싫으면 중한테 떠나라고 하는데, 중이 자꾸 떠나는 절도 문제가 있다네. 이제는 절이 싫다고 중이 떠날 것이 아니라, 오히려 그 절을 사람들이 수행하고 도량을 닦을 수 있는 절로 고치시게. 잘못 지어진 절이라면 절을 뜯어고치게. 잘못 운영되어 사람들이 생활할 수 없는 곳으로 절이 변했다면, 그 절을 사람이 사는 절, 참다운 수행과 도량을 닦을 수 있는 절로 고치시게. 이제 교육도 고칠 준비가 되가는 것 같던데……."

SNS(Social Network Service)

김진숙: 정말 정말 절을 고치고 싶은데 제 힘이 미약해서… 그래서 슬퍼요…...ㅠㅠ

이수석: 김진숙 한 사람이 꾸는 것은 꿈이지만, 많은 사람이 꾸는 꿈은 현실이라고 배우고 체험했습니다. SNS를 통해서 여럿이 꿈을 꾸어보지요. 사람을 바꿀 수 없다. 정보는 바꿀 수 있다. 정보가 바뀌면 사람도 바뀐다. SNS로 사람들의 정보를 바꾸어 보자고요!

4. 우리는 모두 죄를 지었다

'있는 것을 있다 하고 없는 것은 없다고 하라. 그것이 참이다.
옳은 것은 옳다하고 틀린 것은 틀리다고 말하고 실천하는 삶이 아름답다.
그런 삶을 살고 싶다. 그런 삶을 살아온 사람을 따라가고 싶다.'

　모르고 저지른 죄도 죄다.

　아는 것을 강조한 소크라테스에게 무지는 죄였다. 초록색과 빨간
색을 구별하지 못하는 색맹인 사람과 신호등 체계를 알지 못한 할

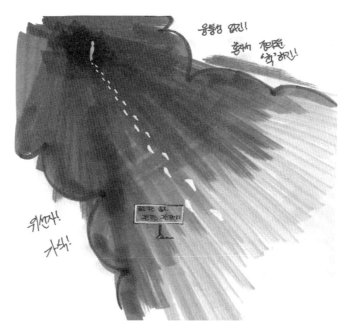

모르는 게 약이고 아는 게 병이다

머니, 그리고 생기발랄한 고등학생이 횡단보도에 서 있었다. 색맹인 사람은 자동차가 지나가지 않음을 보고서 횡단보도를 건넜다. 할머니도 따라 건넜다. 아저씨와 할머니가 붉은 색 신호임에도 건너자, 고등학생도 따라서 건넜다. 그런데 저 건너편에서 교통경찰이 호루라기를 불면서 그들을 불렀다. 영문을 모르는 아저씨와 할머니는 교통경찰에게 갔다. 그 순간 도로교통법을 위반했다는 걸 아는 고등학생은 재빠르게 도망쳤다.

색맹인 사람과 할머니가 자신들의 상황을 설명했음에도 불구하고 교통경찰은 '법은 지켜야 한다. 모르고 한 일이라 할지라도, 그것이 법을 어긴 것이라면 처벌을 받아야 한다. 예외를 인정하면, 그 법은 법의 안정성을 지킬 수 없다'며 도로교통법 위반으로 두 사람에게 범칙금 2만원 딱지를 발행했다.

'도로 교통법 위반인 줄 알면서도 무단 횡단한 저 도망친 학생도 잡아야 한다. 죄인 줄 알면서 저지르는 것과 죄인 줄 모르고 저지른 잘못 중에서 어느 것이 더 나쁜 것이냐?'며 항의하는 색맹인 사람과 할머니에게 경찰관은 말한다.

'아저씨와 할머니는 적발되었고, 저는 법을 집행하는 경찰관입니다. 모르고 한 일도 그것이 죄를 저지른 거라면, 무지도 죄입니다. 어부가 물고기를 모두 잡을 수 없듯이, 제가 해야 하는 임무는 위반을 하신 두 분에게 범칙금을 부과하는 것입니다.'

알면서도 죄를 저지른 죄는 더 큰 죄다

소크라테스는, 인간이 무엇이 옳고 좋은 일이며 또 자신과 모두에게 득이 된다면 누가 그것을 안 하겠느냐며 '무지(無知)는 죄'라고 이야기한다. 인간이 무지에서 탈피한다면 죄를 짓지 않을 수 있다. 하지만 인간은 옳고 그름이 무엇인지를 '알면서도' 그릇된 행동을 한다. 인간은 무엇이 나쁘고 무엇이 좋은지 알면서도 죄를 짓기도 한다. 타인에게 피해를 준다는 것을 알면서도 금연 구역에서 담배를 피우는 사람이 있다. 수업 중에 선생님 몰래 탐정 소설이나 만화책을 보면 안 된다는 것을 알면서도 보는 학생이 있다. 컨닝이 나쁜 일인 줄을 알면서도 컨닝하는 사람도 많다.

우리는 모두 죄를 지었다

총리후보자의 면면에 대해서 우리는 알지 못했다. 하지만 언론이 밝히고 세상이 밝혀내면서 총리후보자는 스스로의 삶을 돌아보고 자진사퇴하였다. 우리는 몰랐다. 하지만 우리는 죄를 지었다. 모르는 것은 죄다. 총리후보자가 부적격인물이라고 생각한다면, 그를 사퇴시켜야만 한다. 죄를 죄인 줄 알면서도 용납하거나 묵인하는 것도 공범이다. 우리 국민들은 그것을 참을 수 없어 외치고 따졌다. '모르는 게 약이고 아는 게 병'이다는 속담은 이럴 때 사용할 수 없다. '아는 게 힘이고 모르는 건 죄'이다.

과연 모르는 것은 죄인가? 죄인 줄 알면서도 저지르기 때문에 죄인가? 아니면 죄 앞에서 침묵하는 것이 죄인가? 올바름을 알면서도 실천하지 않는 것이 죄인가? 불의에 타협하며 침묵하는 것이 죄인가? 이 모든 것이 죄다. 그리고 우리 모두는 죄를 짓지 않기 위해 배우고 행동하고 실천한다. 하지만 많이 배운 사람일수록 죄는 더 많이 짓기도 한다. 그게 슬프다.

있는 것은 있다 하고 없는 것은 없다고 하라. 그것이 참이다. 옳은 것은 옳다하고 틀린 것은 틀리다고 말하고 실천하는 삶이 아름답다. 그런 삶을 살고 싶다. 그런 삶을 살아온 사람을 따라가고 싶다.

SNS(Social Network Service)

김회복: 몰라서 상처주는 일도 많죠, 몰라서 한 일을 탓을 할 수는 없지만, 오랜 시간 마음이 아프겠죠. 가까운 사람들과의 오해가 있다면, 무지에서 비롯됨은 아닌지 찬찬히 살펴보아야 하겠습니다.

임원영: 얼마전 TV에서 문맹인 여인이 혼인신고서인 줄 알고 서명한 것이 대출신청서였음을 알고 법에 호소하는 것을 봤습니다. 누구도 그녀를 구제할 수 없었어요. 무지도 죄라는 말이 가슴 아프게 다가옵니다.

김진숙: 혹시 모르고 지은 죄는 없는지 돌아봐야겠다고 생각하다가 문득, 알고 지은 죄도 많다는 생각이 들었어요. 죄 짓지 말아야겠다~~~~~ !!!

김형백: 안데르센의 단편작인 〈벌거숭이 임금님〉에서 한 아이가 "임금님이 벌거벗었다"는 진실을 말한 것처럼 진실된 사람이 많아지면 좋겠어요. 특히 정치가들이….

5. 좋은 친구란···,

"선생님은 사탕을 왜 세 개 주세요? 다른 샘들은 한 개만 주시던데요."
"한 개는 너를 위해서, 또 한 개는 너의 이야기를 잘 들어준 친구를 위한 거야.
그리고 마지막 한 개는 앞으로 네가 살아가면서 만나게 되는 수많은
'우리'를 위해서야."

혼자이면서 결코 혼자가 아닌 게 우리네 삶이다. 인간은 결코 혼자 살 수 없다. 내가 잘하는 게 있고, 친구가 잘하는 게 있다. 그리고 우리 모두가 함께 해야 잘할 수 있는 게 있다.

이 세상은 온통 관계로 이루어져 있다. 너와 나의 관계, 우리와 그들의 관계, 그리고 온 지구와 우주의 관계로 이루어져 있다. 인간은 살아가면서 인간만의 관계를 맺는 게 아니다. 인간과 땅, 인간과 바다, 인간과 하늘 등의 온 우주와 관계를 맺고 있다.

네가 있어 내가 있다

인간관계 맺기의 키워드는 정말 많다. 하지만 지금의 여러분에겐, '연애, 우정, 스마트폰과 SNS, 너와 나의 관계, 우리, 가족, 전쟁과 평화, 기아 문제, 이론과 권위, 관계중독, 멘토링, 삶과 죽음, 기쁨, 노함, 사랑, 슬

품' 등이다. 이들 단어의 특징은 모두 나와 관계를 맺고 있는 대상에 대한 성찰을 담고 있다.

젖먹이 때의 나와 지금의 나는 육체적으로나 정신적으로 다르다. 몸은 성장했고, 정신도 다른 사람의 존재 의미를 이해하면서 넓어지고 깊어졌다. 어제의 나와 오늘은 나는 분명히 다르다. 심지어 조금 전에 친구를 만나고 왔을 때의 나와 지금의 나도 분명히 다르다. 친구를 만나 기쁠 수도 있었고, 화가 났을 수도 있고, 새로운 것을 느끼고 배워 또 다른 성장을 했을 수도 있다.

인간은 모두 관계 속에서만 그 의미를 갖는다. 우주 속에 동서남북이 어디 있는가? 어느 한 지점을 알 수 있는 것은 다른 지점과의 관계를 통해서다. 그 관계를 통해 동서남북의 어디에 자신이 서 있으며, 자신이 나아가야 할 방향을 알 수 있다. 아이들은 자신의 위치를 알기 위해 끊임없이 다른 사람들과 소통하면서 자신을 찾아나간다.

그 소통의 가장 가까운 곳에 가족이 있고, 친구가 있고, 스마트폰이 있고, 거울 속에 비친 또 다른 자신이 있고, 어른과 연예인이 있고, 자신을 일깨우고 방향을 제시해 주는 멘토도 있다.

과거에는 어른들을 따라하면 되었고, 위대하고 뛰어난 사람이 간 길을 따라하면 되었다. 하지만 이제는 아니다. 세상은 참으로 급격하게 변하였고, 학생들은 너무도 많은 것을 안다. 지금의 학생들은 정말 모르는 것이 없다. 모르는 것이 있으면 친구와 스마트폰을 이용해서, 관계를 통해서 알려고 하면 그 무엇이든지 알 수 있다. 하지만 학생들은 정확히 아는 것도 없다. '이게 무엇이지? 왜 그렇게 생각하지?' 하고 물으면, 학생들은 주저주저한다.

인터넷에서 검색할 수 있는 무수히 많은 지식과 지혜에도 불구하고, 인간이 알고자 하는 질문은 간단하다.

'나는 누구이며 무엇이지?'

'왜 세상은 그 무엇인가가 존재하는 것이지?'

'무엇을 위해 어떻게 살아야 하지?'

'바르게 산다는 것, 정의롭게 산다는 것은 무엇인가?' 등이다.

이 어려운 질문의 답을 가장 쉽게 찾는 방법이 좋은 친구를 만나는 것이다.

내가 누군지를 알기 위해선, 나와 관계맺는 사람과 세상에 대해서 알아야 한다. 내가 누구인지를 알아야 친구를 찾고, 친구를 통해서 자신이 누구인지도 안다. 그래서 좋은 친구를 찾게 되면, 자신이 무엇을 잘하는지, 무엇이 부족한지를 알게 된다.

친구(親舊)는 '친하다, 사이좋게 지내다, 사랑하다, 가까이 하다, 가깝다,'등의 뜻을 갖고 있는 친(親)과 '오래다, 변하지 아니하다'의 의미를 갖고 있는 구(舊)가 합쳐진 말이다. 친(親)은 나무(木)가 서(立)있는 모습을 보는(見) 것이다. 나무는 제 성격과 성향대로 자란다. 제 빛깔과 제 성질을 나타내면서 자란다. 그 성장이 바람을 견디고 가뭄을 견디고 햇빛을 받아가면서 천천히 더디게 자란다. 그래서 우리 모두 서로에게 친구가 되어 진정성 어린 사람의 마음으로 기다려주고, 그 나무가 자신의 성향대로 커 나가도록 방향성을 제시해주면 된다.

그렇다면 좋은 친구를 만나기 위해선 어떻게 해야 하는가? 좋은 친구를 사귀기 위해선 어떻게 해야 하는가?

그건

'내가 그에게 좋은 친구가 되는 것이다.'

SNS(Social Network Service)

임원영: 나이를 먹으면서 좋은 친구가 된다는 것에 대해 많은 두려움을 느낍니다. 마음을 내려 놓고 다가서면 가식적이라 하고, 거리를 두면 남보다 못하다 하고, 점점 좋은 친구가 된다는 것에 어려움을 겪습니다. 하지만 여전히 친구는 편안한 마음을 가지게 하는 단어란 생각을 합니다. 내가 먼저 좋은 친구가 되는 거, 맞는 말씀이세요.

김진숙: 제가 좋은 친구가 못되는 데도 제겐 좋은 친구들이 있네요~ 참 감사할 일이죠? ^^

김형백: 전라북도 내장사에 가면 '복중의 복은 인연복'이란 푯말이 쓰여 있다. 나는 그 말의 의미를 소중하게 깨닫는다. 왜냐면 우리는 우주만물과 관계 속에서 복을 누리면서 살아가기 때문이다.

이수석: 김형백 저는 인천석남중에서 교장선생님을 뵌 것이 복중의 복을 받은 거 같습니다. 저를 알아주는 사람을 위해 목숨을 걸 수도 있다는 선비의 기상을 살려주셨으니까요. 고맙습니다. 사랑합니다. 형님! 그리고 존경합니다.

6. 행운과 행복 중에 행복을 선택하라

행복은 추구의 대상이 아니라 발견의 대상이다. - 박웅현

〈그녀의 자전거가 내 가슴속으로 들어왔다〉, 〈넥타이와 청바지는 평등하다〉, 〈나이는 숫자에 불과하다〉, 〈생활의 중심〉, 〈사람을 향합니다〉, 〈생각이 에너지다〉, 〈진심이 짓는다〉는 광고 문구는 카피라이터(copywriter) 박웅현씨의 창작물이다.

정말 신선했다. 그림과 함께 들려오는 한 마디에 마음을 움직이게 하는 그 어떤 '영감(靈感)'을 주었다. 그가 쓴 책 중에 밑줄 그으며 읽었던 부분으로 '행복은 추구의 대상이 아니라 발견의 대상이다'라는 구절이 있다.

행운과 행복 중에서 무엇을?

행복(幸福)이란 욕구가 충족되어 만족스러운 상태를 말한다. 욕망의 덩어리인 인간은 만족을 모른다. 그래서 많은 선인들은 행복을 찾기 위해서는 만족할 줄 알아야 한다고 했다. 수없이 많은 성현들이 이렇게 말했다는 건, 만족할 줄 아는 인간이 그만큼 적었다는 사실이다. 인간은 그 무언가를 찾아 추구하는 욕망의 덩어리다.

내가 좋아하는 술을, 칸트는 이렇게 말했다.

"술은 입을 경쾌하게 한다. 술은 마음을 털어놓게 한다. 이리하여 술은 하나의 도덕적 성질, 즉 마음의 솔직함을 운반하는 물질이다."

그리고 그는 행복에 대해서도 말했다.

"행복의 원칙은
첫째, 어떤 일을 할 것,
둘째, 어떤 사람을 사랑할 것,
셋째, 어떤 일에 희망을 가질 것이다."

나는 지금 이 글을 쓰고 있고 내일의 수업을 위해 공부하고 있다. 그리고 이글을 읽어 줄 학생들과 내 딸과 아들, 그리고 아내를 사랑한다. 끝으로 학생들과 딸과 아들이 나를 밟고 넘어서리라는 희망을 갖고 있다. 나는 정말이지 행복한 조건을 모두 갖춘 사람이다.

토끼풀이라고 알려진 클로버가 있다. 이 클로버는 가까운 주변 풀숲에서 쉽게 볼 수 있는 풀이다. 6~7월에 꽃이 핀다. 나는 어릴 때 이 꽃으로 꽃반지를 만들어 여자 친구, 특히 첫사랑인 김미열이와 어릴 적 스승인 조혜경에게 끼워주며 놀기도 했다.

클로버의 풀잎은 3개이고 돌연변이 풀잎은 4개다. 물론 돌연변이가 대세를 이루어 군집을 이룬 곳도 있다. 정상인 세잎클로버의 꽃말은 행복이고 돌연변이 네잎클로버의 꽃말은 행운이다. 나도 많은 사람들처럼 네잎클로버를 찾기 위해 세잎클로버를 헤집고 다녔다. 잘 보이지도 않은 행운을 줍기 위해 주변의 행복을 짓밟아 버렸던 것이다.

행운은 매일 매일의 행복 속에서 어느 날 우연히 찾아온다. 그런데 사람들은 행운을 찾기 위해 행복을 잊어버리는 어리석은 일을 지금도 하고 있다. 이런 비정상인 행동을 마치 정상인 것처럼 당연시하는 사회에 우리는 살고 있다. 모두들 앞만 보고 달리고 있다. 일등만을 추구하면서 사는 이 사회는 '비정상 사회'다. 왜냐하면 영원한 일등은 없기 때문이다. 이에 비해 '정상 사회'는 있는 것에 만족하고 가진 것을 나누고 베풀며 사는 사회다. 사람 사이의 '인간'이란 말의 뜻은 '정상 사회'의 인간을 이야기한다.

나는 참으로 행복한 사람이다. 무언가 할 일이 있고 그 누군가를 사랑하며 어떤 일에 희망을 갖고 있으니까. 그래서 난 언제나 항상 주문처럼 외우고 다닌다.

오늘도 어제보다 조금만 더 행복하세요.

뱀발

그런데, 그런데 말이다. 요즘 '통일은 대박(大舶)'이란 말을 주변에서 자주 듣는다. 언어의 사회성에 비추어 볼 때, '대박 터졌다'는 말은, 의도하지 않았던 일이 발생하여 생긴 이익과 행복(?)을 표현할 때 쓴다.

통일은 분명히 큰일이다. 대박이다. 하지만 '통일은 대박'이란 말을 쓴다는 게 적당한 표현인지 모르겠다. 통일은 이모저모를 잘 고려해서 반드시 이루어야 할 민족적 역사적 과업이다. 먼 훗날, 통일이 되는 그날의 신문 기사에 '한반도! 대박(大舶)터졌다.'라고 헤드라인을 쓰는 게 맞는 표현인지 모르겠다. 나의 이 생각이 맞는지, 좌파로 향한 것인지 누가 나를 깨우쳐 다오.

SNS(Social Network Service)

김진숙: 정상 사회에서 한번 살아보고 싶어요…. ㅠㅠ

김형백: "행복은 추구의 대상이 아니라 발견의 대상이다"는 말에 동의합니다. 내 가슴 안에서 퍼져 나오는 향기를 맡아보세요. 내 가슴에서 우러나오는 따뜻한 느낌에 젖어보세요. 나는 행복할 것입니다. ^^

이미영(학부모): 행복한 교사와 함께하는 학생이 어찌 행복하지 않을까요? 행복한 부모와 함께 사는 자녀가 어찌 행복하지 않을까요? 또 다른 희망이 여기에서도 보입니다. 감사합니다. 선생님~

7. 렌즈를 바꾸자

정의의 여신은 왜 두 눈을 안대로 가리고,
한 손에는 칼을 다른 한 손엔 저울을 들고 있을까?
정의의 여신이 변하고 있다.

폭력 속에 빠져있는 아이들

상황1 언어적 폭력

교사1: "어떤 새끼가 떠드는 거야? 아가리 닥치지 못해? 재봉틀
로 주둥아릴 꿰매든지 해야지. 도대체 잠시도 조용히 있
지 못하는구먼. 사내놈이나 계집애나 다 똑같구나. 이교
혁! 너, 조용히 하라고. 아니 밖으로 나와 무릎 꿇고 있어!
박종진! 너도 나와서 대가리 박아!"

상황2 성폭력

교사2: "정말 예뻐요 예뻐. 오늘 좋은 일 있냐? 미팅 나가니? 치
마도 짧고, 어, 화장은 아예 클럽 나가는 모습이구나?"

상황3 학습되는 폭력들

학생1: "아 씨발. 짱나, 열 받네. 왜 다들 지랄이냐? 도대체 그 ○
○○는 왜 그러냐? …야 강찬모 씨○○아! 넌, 내 말을 씹
냐? 아가리 닥치지 못하겠니? 저게 가만히 놔두니까 이젠

맞먹네, 맞먹어!"

학생2: "야, 꺼져. 찌그러져 있으라고."

학생3: "넌 가슴이 무척 예쁘구나. 오우 섹시한데?"

상황4 기타 폭력

학교 규정: '남학생의 두발은 눈썹까지 내려오지 말아야 하며, 뒷머리는 목덜미가 보여야 하며, 옆머리는 귀가 보여야 한다. 교복은 변형을 해서는 안 되며 규정에 따라서 입어야 한다. 여학생은 눈썹 화장을 금지하며 립스틱 바르는 것도 금지한다. 귀걸이 착용을 금지하며 학생신분에 맞지 않는 과다한 화장을 금한다. 치마는 무릎 위 10센티미터를 넘어서는 안 된다. 기타 등등'

〈강도 치사죄〉로 사람을 죽여서 무기징역을 이미 선고받고 복역 중이었던 신창원은 1997년 1월 부산교도소를 탈옥하였다가 1999년 7월 16일 순천에서 검거되었다. 그가 탈옥 후 한 고백이 응보적 정의가 아닌 회복적 정의의 필요성을 역설한다.

"지금 나를 잡으려고 군대까지 동원하고 엄청난 돈을 쓰는데, 애초 나 같은 놈이 만들어지시 않는 방법이 있다. 내가 초등학교 때 선생님이 '너 착한 놈이다' 하고 머리 한 번만 쓸어 주었으면 여기까지 오지 않았을 것이다. 5학년 때 선생님이 '이 쌍놈의 새끼야, 돈 안 가져 왔는데 뭐 하러 학교 와. 빨리 꺼져' 하고 소리쳤는데,

그때부터 마음속에 악마가 생겼다.”

학교 폭력에서 회복적 정의로의 모색

전문 조정자(Mediator): “한분의 목소리를 청합니다. 실제로 일어
난 일을 사실적으로 묘사해 주십시오.”
가해자: “……. 세영이가 저에게 ‘야, 꺼져. 찌그러져!’라고 하였어
요. 화가 나서 세영이 얼굴을 때렸고 발로 찼습니다.”

회복적 정의냐 응보적 정의냐?

전문 조정자(Mediator): (피해자인 세영이를 보며) “어떤 말씀을
들었습니까?”

피해자: "수석이가, '야, 꺼져. 찌그러져'라고 한 말 때문에 화가 나서 참지 못해 절 때렸다고 했습니다."

전문 조정자(Mediator): "(수석이를 보며) 이 말이 맞습니까?"

가해자: "네, 맞습니다."

전문 조정자(Mediator): "더 하고 싶은 말이 있습니까?"

가해자: "제가 욱하는 성질을 참지 못하고 때려서 미안한 마음이 있습니다."

전문 조정자(Mediator): (피해자인 세영이를 보며) "실제로 일어난 일을 사실적으로 묘사해 주십시오."

피해자: "저는 억울해요. 친구들하고 이야기를 하고 있었는데, 대화에 끼어들어서 화가 났어요. 그리고 그냥 하는 말로 수석이에게 '야, 꺼져. 찌그러져 있으라고.'했어요. 이건 그냥 저희들이 보통 하는 말이에요."

전문 조정자(Mediator): (가해자인 수석이를 보며) "어떤 말씀을 들었습니까?"

가해자: "세영이가 친구들과의 대화에 제가 끼어들어서 화가 나서 아무 생각 없이 그냥 '야, 꺼져. 찌그러져.'라고 했다고 말했어요."

전문 조정자(Mediator): "이 말이 맞습니까?"

피헤지: "네, 맞습니다."

전문 조정자(Mediator):"더 하고 싶은 말이 있습니까?"

피해자: "제가 그냥 하는 말을 수석이가 오해했던 거 같아요. 미안하다는 생각이 드네요."

임원영: 어떤 상황에서도 머리를 쓰다듬어 줄 수 있는 인격을 만들어야 합니다. 아이들도 어른들도.

김진숙: 이런 얘기를 들으면 교사로서 어깨가 무거워집니다. 혹시 아이들에게 상처를 준 적은 없는지 돌아봐야겠어요….

임원영: 아이들의 말을 끝까지 들어주는 것, 그래서 오해의 소지를 만들어 주지 않는 것이 중요하네요. 편견없이 모두의 이야기를 들어줘야 한다고 생각합니다.

김진숙: 자신의 언행을 돌아보게 하는 효과가 있네요. 흠~~ 배워야겠어요! ^^

이수석: 임원영.김진숙 제가 두 분께 배워야지요. 저는 영원한 학생이랍니다. ^^

김형백: 우리는 교육자로서 아이들의 영혼까지도 책임져야 합니다.

학교폭력과 회복적 정의의 출발

학교폭력예방 및 대책에 관한 법률(법률 제11690호)에 따르면 "학교폭력이란 학교 내외에서 학생을 대상으로 발생한 상해, 폭행 ……, 정보통신망을 이용한 음란·폭력 정보 등에 의하여 신체·정신 또는 재산상의 피해를 수반하는 행위를 말한다."라고 정의(定義)하고 있다. 이는 학생을 대상으로 발생하는 폭력 모두를 학교폭력으로 규정하는 것이다. 따라서 '학교폭력'은 학교만의 문제가 아니다.

사람이 살아가면서 인간으로서 지켜야 할 올바른 행위를 정의(正義)라 한다. 이 정의는 질서와 평화를 아울러 포함한다. 전통적인 응보적 정의가 '잘못을 처벌'하는 개념이었다면 회복적 정의는 '관계 회복'에 그 초점을 둔다. 지금 학교에서 행해지고 있는 스쿨 폴

리스제도, 교내CCTV 설치, 학교생활기록부에 학교폭력 가해사실 기록, 보복에 대한 가중처벌, 강제전학, 가해자와 피해자의 격리, 사회봉사 등은 응보적 정의를 실현하려는 방안이다. 이들은 폭력행동을 조기에 중지시키고 통제하는 효과가 있다. 그러나 대부분의 방안들이 가해자의 잘못과 직접적인 관련이 없는 처벌로 끝난다. 그리고 가해자와 피해자, 학교 및 지역사회 공동체는 학교 폭력 사건의 후유증을 극복하지 못한다. 피해자는 폭력으로 인한 고통과 분노를 그대로 안고 살아간다. 이제는 응보적 정의만으로는 인간사회에서 발생하는 여러 가지 문제를 해결하지 못한다. 학교 폭력은 더욱 그렇다.

정의의 여신상은 한 손에는 저울을, 또 다른 손에는 칼을 쥐고 있다. 그리고 두 눈은 안대로 가리고 있다. 저울은 개인 간의 권리 관계에서 발생한 다툼을 한 쪽에 치우침 없이 해결하는 것을 의미하고, 칼은 사회 질서를 집행하는 제도를 말한다. 두 눈을 안대로 가린 이유는, 정의를 실현하기 위해서는 그 어떤 선입견과 편견에도 휘둘리지 않는 공평무사한 자세를 의미한다.

이제 이 정의의 여신이 진화해야 할 때가 왔다. 아니 이미 진화했나. 가해자와 피해자의 입장에서, 가해자를 구속하여 벌을 주어 또 다른 범죄의 확산을 막는 것으로부터, 가해자와 피해자가 화해하고 관계를 회복하는 정의로 바뀌고 있다. 일벌백계로서 사회질서와 평화를 깨뜨리는 사람을 제재하는 것에서 오히려 피해자의 정신적 육체적 물리적 피해를 회복시켜 주는 것으로 바뀌어야 할 때가 되었다.

렌즈를 바꾸자

하워드 제어(Howard Zehr)는 〈회복적 정의란 무엇인가(렌즈를 바꾸기(Changing Lenses)"〉에서 다음과 같이 주장하고 있다.

"정의는 눈을 가린 채 저울을 들고 있는 여신으로 그려진다. 그러나 이 과정의 중심은 절차의 평등이지 환경의 평등이 아니다. 형사법 절차는 모든 피고인들이 마치 법 앞에 평등한 것처럼 대우하려고 노력하면서, 각자의 사회적, 정치적, 경제적 차이를 무시하도록 요구한다. 이 절차가 불평등한 자들을 평등하게 대우하려고 하는 까닭에, 기존의 사회, 정치적 불평등이 유지된다. 역설적으로 말해서, 사법은 그렇게 평등의 이름으로 불평등을 유지한다."

이제 '응보적 정의(Retributive Justice)'에서 '회복적 정법(Restorative Justice)'으로, 범죄에 대한 대응방식의 패러다임이 바뀌어야한다, 우리가 쓰고 있는 렌즈를 바꿔야 한다. 렌즈를 바꾸자!

SNS(Social Network Service)

임원영: 그래서 제가 법정 드라마 볼 때마다 분노하는군요. 아무래도 렌즈를 2.0으로 바꿔야할까봐요. 아니면 무지개색으로?

김진숙: 정의의 여신이 눈을 가린 것에 대한 하워드 제어의 주장은 정말 신선하네요. 왜 저런 생각은 못해봤을까요? 갈수록 분열되어 가는 사회 분위기... 대화, 배려, 화합, 더불어 살기가 실종되어 가는 사회…, 회복적 정의가 간절히 요구되는 시점이라고 할 수 있겠네요….

김형백: 권위적인 생활지도에서 회복적인 생활교육으로 우리의 렌즈를 바꿔야 한다고 생각합니다.

8. 개천에서 용났다

이재명 성남시장의 강연을 들었다. 모두에게 공평하고 공정한 100미터게임은 할 수 없는 시대가 되었다. 개천에서 용난다는 말은 이제 옛말이 되어 버렸다. 부는 대물림되고, 이 부가 새로운 계급으로 형성되어 가고 있다.

『우리도 행복할 수 있을까』를 읽었다. 덴마크의 국민들은 자기 수입의 50%를 세금으로 내는 것을 억울해하지 않는다. 지난 토요일(2015년 11월14일) 전국민중궐기대회를 다녀왔다. 그리고 거기서 백남기 선생님의 모습을 보았다. 덴마크노동자들은 조합비를 26만원씩 낸다고 한다.

정직한 국회와 지도자가 있는 사회

난 내 수입 가운데 50%를 세금으로 내어도 좋다. 그 세금을 갖고 국민들이 행복을 위해서 모든 정치인들과 경제인들이 노력해 준다면. 그래서 내 딸과 아들과 이웃들이 일에서 행복을 찾을 수 있다면, 나는 기꺼이 내 수입의 50%를 세금으로 낼 수 있다. 우리나라는 다국적 기업들이 들어와 기업 활동하기가 좋다고 한다. 노동자들을 쉽게 고용할 수 있고, 마찬가지로 해고하기도 쉽기 때문이란다. 그런데 그 노동자들의 근무환경과 복지에는 그렇게 크게 신경 쓰지 않아도 되기 때문이란다. 대한민국은 현재 노동자들의 노동유연성은 참으로 높다고 한다. 하지만 덴마크나 유럽이나 서유럽처럼 노동유연안정성, 특히 노동자의 고용안정성에 대해서는 크게 신경 쓰지 않아도 된다고 한다.

나는 현재 내 수입의 25%~26%를 세금으로 내고 있다. 세금을 많이 낸다는 것은 그 만큼 많은 수입이 있다는 것이다. 나는 언제나 내 일과 내 생활에 만족한다. 그리고 감사드린다. 그런데 이재명 성남시장의 강연을 듣고는 화가 나기 시작했다. 그가 시장으로서 성남시의 재정을 강화시키고 빚을 갚을 수 있었던 일은 참으로 간단했다고 했다.

그는 말한다. 공직자가 잘할 수 있는 것은, 1. 나쁜 짓만 안하면 되고, 2. 공정하게 일을 진행하면 되며, 그리고 3. 열심히 열정을 갖고 일하면 된다고 했다. 그렇게 일을 해 보니 재정이 쌓였고, 그래서 성남시의 빚을 갚았다는 것이다. 자신이 부정부패를 저지르지 않고 공정하게 일을 처리하다 보니, 불필요한 재정지출이 7%정도가 줄었다고 했다. 성남시가 이 정도였으니, 서울특별시나 인천광역시 같은 대도시는 10%의 재정절감이 되지 않겠느냐고 반문했다.

그렇다면 국가 재정은 얼마나 줄까라는 물음표를 메모장에 메모해 두었다.

그는 대학교 82학번으로서 시계불알처럼 성실히 학교를 다녔던 학생이었다고 한다. 신문이나 언론, 선생님들이 하시는 말씀이 모두 진리고 참인 것으로 알고 있었다고 했다. 그러던 그가 대학교를 갔고, 그 대학교에서 학생들이 불법(?)적으로 뿌리는 전단지를 보았다고 했다. 순진한 그는 학생들의 전단지에 등장하는 전두환 대통령에 대한 평가가 음해라고 생각했고, 1982년 당시, 광주에서 벌어지는 일이 북한의 사주를 받은 친북, 종북세력, 간첩, 특공대들에 의해 일어난 반란이라고 생각했다고 했다.

그런데 그 전단지를 옥상에서 나무 위에서 위태위태하게 뿌리고 잡혀가는 학생들을 보면서 의문이 생겼다고 했다.

"왜 저 학생들은 저런 행동을 할까?"

"왜 한두 명도 아니고 계속해서 저 학생들은 새로운 정보와 내용이 적힌 전단지를 뿌리는 것일까?"

"저들은 사복한 경찰이 캠퍼스 곳곳에 무전기 차고 있음을 알고 있고, 자기들은 금방 잡혀갈지 알고 있는데도 왜 저럴까?"

이런 질문을 던지고, 그 학생들의 선난시에 적힌 정보를 몇 번 접해보기 시작했다고 했다. 그리고 그는

"맞아. 이 글에 적힌 내용처럼, 나는 잘못 알고 있을 수도 있어.

언론은 통제되었고, 우리가 접하는 정보는 보도지침을 통해서 정리된 왜곡된 것일 수도 있어. 이젠 내 머리로 내가 생각하고 공부해야겠다."

그리고 그는 공부하기 시작했고 광주 민중 항쟁과 전두환 대통령에 대한 진실을 알게 되었다고 했다. 그리고 자신이 욕했고 비판했던 데모하는 학생들에게 '쪽팔렸다'고 했다.

그리고 그는 비로소 제대로 된 공부를 하기 시작했다고 했다.

이재명 성남시장은 2015년 12월 9일 인천광역시교육청 정보센터 4층 대강당에서 〈한국 사회의 오늘과 내일〉이란 주제에 대해서 강의를 이어갔다.

한국 사회의 오늘은 '개천에서 용난다'는 기회가 사라진 사회라고 했다. 모든 사람, 특히 공직자들은 책임을 질 줄 알아야 하고, 또 다른 면에서는 관용을 베풀 줄도 알아야 한다고 했다. 그러면서 '용서와 사과'에 대해서 이야기하고, '부정부패를 저지르면 처벌'해야 함을 역설하였다. 그리고 오늘날 한국 사회의 가장 큰 병폐는 '비정상이 정상'인 듯 행사하고 있는 이 사회라고 이야기했다. 그리고 이들은 오히려 모범을 보여야 할 정치인들과 기업가들이 가장 크며, 이들부터 혁신되어야한다고 말했다.

결론적으로 그는 말한다.

"우리가 할 수 있는 건 많다. 변화는 작은 것으로부터 시작한다. 인터넷과 SNS를 통한 소통과 공유 및 확산이다. 손가락으로 터치하자. 정보를 바꿔야 한다. 그리고 새로운 정보를 통해서 새로운 판단을 할 수 있다. 정보를 바꿀 수는 있지만 판단을 바꿀 수는 없다. 판단은 정보를 접한 이들 스스로 하는 것이다. 내가 대학교 때 판단을 바꿀 수 있었던 것은 새로운 정보를 통해서였다. 나라에 돈이 없는 게 아니라 도둑놈들이 너무 많다. 그 도둑놈들을 없애기 위해서는 정보를 알아야 한다. 정보가 바뀌면 판단이 바뀐다. 환경이 바뀌면 그 사람 인생이 바뀐다. 네트워크를 만들고 바꾸자!"

이재명 성남시장의 강의는 나에게 새로운 정보를 주었다. 아니 내 생각의 길라잡이가 되었다. 교직에 있는 내가 꿈꾸는 세상과 사회는 오히려 단순하다.

"합리적 사고, 공정한 경쟁이 가능한 사회를 만들 수 있을까?"
"학생들이 바라는 꿈을 실현할 수 있는 힘을 주는 사회와 그 희망을 키우는 세상을 만들 수 있는가?"

"별 볼일 없는 사람들이 별 볼일 없는 싸움을 하면서도 꿈을 이루기 위한 혁신을 할 수 있는 방법은 간단하다. 깨어있는 사람들의 소통과 단결! 네트워크를 통한 소통과 단결, 오프라인을 통한 행동하는 단결된 힘! 그리하여 당연한 것이 당연한 것으로 인식되고 실천되는 사회!"

나는 사회를 보는 박진희선생님에게 문자로 질문지를 날렸다.

"이재명 성남시장님의 강의 잘 들었습니다. 이재명 시장님과 박원순 서울시장님의 복지 정책, 청년 지원책을 지지합니다. 우리나라도 북유럽-덴마크와 같은 복지국가, 고용안전유연화가 지속되는 나라를 만들 수 있을까요?"

SNS(Social Network Service)

이미영(학부모): 저도 같은 공간에서 비슷한 느낌표를 찍고 있었습니다. 이재명 시장의 답변은 가능하다! 였던 걸로 기억해요. 다만, 지배당하는 다수가 깨어야하고 평소에 그들끼리 네트워크를 열심히 해야한다는!!

9. 나는 큰 나무를 만났다

큰 나무 사이로 걸어갔더니, 내 마음과 몸이 크고 곧게 되었다. 좋은 벗이 있어
그와 함께 했더니, 어느 덧 그를 닮아 있었다. 나에겐 믿고 따를 수 있는 참으로
큰 사람들이 많았다. 그들을 따라 가고자 했더니 나도 그들과 함께 있었다.
좋은 만남이 좋은 인연을 낳고 좋은 인연이 좋은 결과를 낳는다.

　　지역사랑, 문화사랑, 인간 사랑을 추구하는 시민문화단체인 〈해
반문화사랑〉의 큰 사람들을 만나게 된 건, 동산고등학교에 온지
5년째인 1995년이다. 절친하게 지내던 선배 조남진선생님의 소개
로 이홍우박사님과 최정숙 이사장님을 뵙게 되었다. 두 분은 부부
고 인천 토박이이다.

　　나는 이분들을 뵈면 언제나 궁금증이 일었다.

"이 분들은 왜 자신들의 사비
를 털어가면서 이런 활동을 할
까?"

〈해반문화사랑회〉의 회원들
이 내는 회비는 너무나 작았고,
이 사랑회를 운영하고 유지할
인적 물적 자원은 너무나 부족
했다. 그런데도 이들 부부는 언

좋은 스승을 만나는 노력과 운!

제나 웃으면서 자신들의 시간과 정력과 많은 비용을 기꺼이 지출하였다.

도대체 이들은 왜 이런 말도 안 되는 일을 할까? 투자도 아니었다. 투자는 나중에 산출되는 이익을 고려해서 하는 것이다. 그런데 〈해반문화사랑회〉의 장래 비전은 없어 보였다. 언제나 투입되는 비용과 정성만이 있을 뿐이다. 문화운동이 확산된다 할지라도 지출되는 비용이 줄어들 뿐이지, 이익이 나는 것은 없다. 이분들은 왜 이것을 하는 것일까? 그리고 김민배 교수님, 문병호 변호사님, 한치화 한의사님, 황치일 치과의사님, 안재헌 변호사님, 박상문 선배님, 고춘선생님, 박춘화선생님, 권해형 선배님, 김휘동 선생님, 오태호 회계사님, 이명운 교수님, 최휴종 교수님, 손장원 교수님, 백영임 사무장님, 김혜정 사무국장님, 문상범 선생님, 최형찬 피디님, 조남진 선생님, 그리고 한명호 형님. 등등은 자신의 재능뿐만이 아니라 많은 기부금을 내면서까지.

처음엔 나와는 삶의 궤적과 차원이 다른 사람들이 많았기에 조금은 낯설고 서먹서먹했었다. 하지만 〈해반문화사랑회〉 회원들의 따뜻한 인간미와 낮은데로 임하는 회원들간의 소통을 통해, 나는 많은 걸 느끼며 배우고 있었다. 나도 어느덧 그들에게 물들어 있었다.

사람과 사람, 사람과 사회, 사람과 문화, 사람과 자연이 만나 더러는 어우러지고 더러는 부딪힌 삶의 모습들을 진솔하게 나누는 삶의 현장에서 이 분들을 뵈었다. 그런 그 분들은 정말 따뜻한 사람이었다. 그리고 큰 사람들이었다. 자신의 이익을 위해서 일을 하

는 게 아니라, 인천에 살면서 인천의 정주성을 찾고 앞으로 인천이
보다 행복한 도시가 되기 위해서는 무엇이 필요한 지를 모색하는
자리를 많이 가졌다. 그리고 그 자리를 인천시민과 공유하고자 인
천시민들에게 자리를 내 주었다. 그것도 자신들의 사비와 능력-재
능기부를 하면서.

나는 크고도 넓은 사람들을 많이 보았다. 그들은 내게 있어서 정
말이지 큰 나무였다.

이분들은 자신의 재능뿐만이 아니라 많은 기부금을 내면서까지,
가족 문화행사 및 시민 문화행사를 펼쳤다. 시낭송회, 가족음악회,
문화강좌, 문화유적답사 등을 1994년부터 진행하여왔다. 나도 어린
딸과 아들을 데리고 2001년 3월에는 2회 해반가족답사-광양 매화
마을을 다녀왔다. 재영이와 남규는 지금도 광양의 매화마을을 한
번 더 갔다 오자고 조른다. 그 딸이 벌써 대학교를 졸업하고
(2016년 2월) 사회생활을 준비하고 있다. 아들은 21살이고 대학교
1학년에 재학하고 있다.

지역문화 현안 토론 및 정책대안 모색을 목적으로 1995년부터 격
월로 1회씩 〈해반문화포럼〉을 개최하고 있으며, 방학동안 초등학
생을 대상으로 한 문화예술활동, 체험학습을 통하여 상상력과 창의
력 문화감수성을 키워주는 학교를 운영하고 있다. 그리고 우리지역
바로알기 답사와 예술인과 힘께하는 문화의 밤, 인천연구시리즈 책
자를 발간하고 있다.

이분들의 진정성에 감동받은 나도 조남진 선생님과 최형찬 피디
와 연합하여 젊음(?^^)을 불태우기로 했다. 그래서 월미도 문화의

거리에서 1998~1999년 매주 토요일 『해반토요문화마당』을 개최하여, 인천 월미도에 가면 새롭고 재미있는 그 무엇이 있다. 월미도를 서울 대학로처럼 문화의 거리로 만들자고 노력하였다. 정말 내 인생에 있어서, 나를 위해서가 아닌 타인, 다른 사람들을 위해서 아름답게 미쳐 보았던 적은 그때가 처음이었다.

그런 가운데 나는 정말 크고도 시원한 산림을 걸을 수 있었고, 그 속에서 맑은 공기도 맛볼 수 있었다. 그리하다 보니, 어느덧 나도 큰 나무처럼 자라있었다. 이 세상이 그래도 살맛나는 이유는 아직도 내가 아니라 타인을 위해서 자신의 능력과 재능, 그리고 기부를 하는 사람들이 많이 있다는 점이다.

내가 미쳤고, 조남진 선생님이 미쳤고, 최형찬 피디님이 미쳤고 ……. 그렇게 아름답게 미친 행동들을 진두지휘해 주었던 이홍우 원장님과 최정숙 이사장님이 있었기에, 오늘도 나는 커다란 산을 닮은 모습으로 학생들을 대할 수 있었다.

아직도 모자라고 부족하지만, 저를 맑고도 곧게 자라도록 맑은 공기와 치열한 삶의 모습들을 보여주었던 〈해반문화사랑회〉 회원님들에게 다시 한 번 감사의 인사 올립니다. 꾸벅!

내가 변하면 이 세상 모든 것들이 변한다. 또한 내 생활환경이 바뀌면 내 자신도 바뀐다.

"굽어지기 쉬운 쑥도 삼밭 속에서 자라면 구부러지지 않는다(봉생마중 불부직 =蓬生痲中 不扶直)"이라는 '마중지봉(痲中之蓬)'이라는 말이 있다. 좋은 벗과 사귀면 좋은 사람이 된다. 내가 누구를 만나고, 누구와 함께 있느냐가 내 인생을 결정짓기도 한다. 내가 젊었을 때, 그리고 지금도 이 분들과 함께하고 있다는 사실에 감사드리고 또 감사드린다. 내 능력과 한계는 정해져 있는데, 내가 접하는 사람들의 역량이 크고도 높고 넓기에 나 자신도 그들을 따라 성장했다는 말씀을 올린다. 그리고 거기서 만난, 내 인생의 또 다른 멘토인 한명호 형님께도 이 자리를 빌어 감사드린다. 한명호 형님은 살아가면서 해야 할 일과 하지 말아야 할 일을 구분지어 행동할 수 있게 하는 지혜를 몸과 마음으로 내게 가르쳐 주신 분이다.

이런저런 내 삶의 모습들을 보았을 때, 나는 정말 복이 많은 사람이다.

난 정말 행복한 사람이다! 형님들, 선배님들! 사랑합니다. 그리고 존경합니다. 꾸벅!

아래는 내가 나이 40이 되기 전에 올곧게 미쳐서, 〈해반문화사랑회〉회원들, 특히 조남진선생님과 최형찬 피디님과 함께 미쳐서 행동했던 『해반토요문화마당』의 일정이다. 그때가 그립다.

☞ 월미축제 찬조공연 및 시범공연
- 1) 재즈공연 (인천재즈모임) 2) 전통무예시범 (각 전통무예관)
☞ 월미도 문화의 거리 전통문화마당
- 길놀이, 사물놀이(동산고, 인천여고 연합)

☞ 월미도 문화의 거리 전통문화마당

- 전통무예와 춤 (인하대다물(택견), 이미하 춤 연구소)

☞ 월미도 문화의 거리 전통문화마당

- 사물놀이 (고교 사물패)

☞ 월미도 문화의 거리 전통문화마당

- 대동놀이 (동산고,인천여상 연합)

☞ 월미도 문화의 거리 재즈페스티벌 -재즈공연 (인천재즈모임)

☞ 월미도 문화의 거리 인간, 그리고 춤

- 행위예술(신종택), 대금(이청훈 외), 가야금(강백정), 풍물(불휘패)

☞ 월미도 문화의 거리 인간, 그리고 춤

- 전통무용 (인천시립무용단)

☞ 월미도 문화의 거리 열린 영화제

 -열린학교, 닫힌사회 (독립영화협의회)

☞ 월미도 문화의 거리 열린 영화제

- 미로속의 정체성 (독립영화협의회)

☞ 월미도 문화의 거리 청소년 축제

- 청소년 열린 한마당 (인천시내 고교팀)

☞ 월미도 문화의 거리 대학공연 - 인하대 보컬, 응원단

☞ 월미도 문화의 거리 사물놀이, 택견

- 동산고 풍물패, 인천택견협회

☞ 월미도 문화의 거리 통기타와 락공연 - 김문규 外

☞ 월미도 문화의 거리 행위예술 - 무세중

☞ 월미도 문화의 거리 락공연 - Natural Food, 푸른 펑키벌레

☞ 월미도 문화의 거리 카페갤러리 - 해반갤러리

☞ 월미도 문화의 거리 락이 함께 하는 음악축제

- 락, 풍물 (Natural Food,방송통신대 풍물패)

SNS(Social Network Service)

조남진: 정말 그때는 미쳤지. 아 그때로 돌아가고 싶다.^^

이수석: 남진이 형님! 추억이 아름다운 건 그것이 추억이기 때문이라고 하더군요. 그래서 많은 사람들은 그 때로 다시 돌아가고 싶지 않다고 하더군요. 저도 그렇습니다. 그런데 이때는 정말, 뭐 부족한 거 없이 미쳤었어요. 아마도 제 인생에서 가장 찬란한 때였던 거 같아요. 저도 그때로는 돌아가고 싶어요. 그 때가 그립습니다.

3

관계속의 나는 교사다

나는 지금 그 누구의 선배이며 후배이기도하다. 또한 내 아내의 남편이며 딸과 아들의 아버지이기도 하다. 또한 내 아버님과 어머님의 자식이기도 하며 장인장모님의 사위이기도 하다. 직장에선 교장교감의 부하직원이기도 하고, 동료 선생님들의 선후배이기도 하다. 그리고 현재 인천석남중학교의 사회교사로서 수많은 제자와 동료를 통해서만 이해할 수 있는 관계속의 사람이 나다.

관계속에서만 나는 의미가 있다

따라서 나는 나 혼자이면서 동시에 혼자가 아닌 전체다. 내가 행복하면 내 처가 행복해질 거고, 나와 내 처가 행복하면 내 딸과 아들이 행복해진다. 그들이 행복해지면 그들과 관련된 여러 사람들 또한 행복해진다. 내가 학생을 배려하면 그 학생이 그들의 부모와 친구를 배려

할 것이고. 다시 그들의 부모와 친구는 또 다른 이들을 배려할 것이다. 때문에 이 세상을 행복하고 따뜻하게 변화시키려면 나 자신부터의 변화가 필요하다. 관계 속의 '나' 하나만 변하면, 나로부터 연결된 이 세상 전체가 변한다. 모든 행복의 출발은 결국, '나'라는 개인으로부터 출발하고 가족과 친구들에게 확대되면서 사회 전반으로 퍼져 나갈 것이다.

　나부터 행복해지자. 주문을 걸자. 나는 행복합니다.^^

SNS(Social Network Service)

　임원영: 나로 시작하는 행복한 마인드 맵이 떠올려집니다. 그럼 일단 내가 행복해지기!

　김진숙: 요즘 '나'의 변화를 위해 노력 중인데, 새삼 깨닫게 되는 게 '나'의 변화가 '타인'의 변화보다 훨씬 쉽더라구요~ 내 마음도 내가 어쩌지 못하면서 타인의 마음을 바꾸려고 했으니….

　김형백: 교실의 분위기를 결정적으로 좌우하는 요인은 바로 내가 아닐까요. 나는 아이들에게 고문의 도구가 될 수도 있고, 영혼에 힘을 불어 넣는 악기도 될 수 있으니깐요. ~~ㅎㅎ

　이미영(학부모): 놓칠 뻔한 느낌을 잡아주는 관계는 물음표로써 더욱 깊어지는 관계가 됩니다.

　박봉숙: 축하합니다! 인생의 비밀을 찾아내셨군요. 동지를 만나 기쁩니다!

1. 신인류와 함께하기

요즘의 학생들을 일러 '모르는 것은 없지만 제대로 아는 게 없는 신인류'라고 한다. 인터넷과 모바일, 유튜브 등을 통해서 요즘 학생들은 자신들이 알고 싶은 것은 그 무엇이든지 찾고 알아낸다. 하지만 그 깊이가 없고 정통성이 없다.

요즘 어른들은

이런 학생들을 대상으로 수업해야 하기 때문에 요즘의 교사들은 참으로 힘들다. 도대체 어느 수준에서 아이들에게 설명해주고 익히도록 해야 하는지. 학습동기 유발과 학습 성취도를 어느 곳에 두어야 할지를 정하기 힘들다.

그래서 현대의 교사들은 끊임없이 수업에서 좌절하고 상처를 입는다. 그리고 하루에도 몇 번씩 사표를 쓰기도 하고, 몇 번씩 참을 인(忍)자를 가슴에 새기고 또 새긴다.

요즘 교사들은 무엇을 어떻게 수업을 해야 할까를 모색하면서 이 책 저 책을 섭렵한다. 이 강의 저 강의를 열심히 수강한다. 하지만 현장에서의 수업은 다르다. 똑같은 수업의 내용으로도, 어떤 반에서는 성공하고 또 다른 반에서는 참담한 심정으로 좌절을 겪는다.

새로운 강의 기법을 배우기 위해 도착한 강의실. 학부모와 교사, 공무원, 그리고 교수들도 수강생으로 앉아 있다. 조용한 강의실을 울리는 전화 벨소리. 누군가 핸드폰 끄기를 잊어버린 것이다. 진동으로 해 놓은 전화 벨소리가 들리고, 통화자는 의자 밑으로 들어가 조곤조곤 대화를 나눈다. 하지만, 그의 작은 통화 소리는 강의실의 열기에 찬물을 끼얹는다. 그러나 통화하는 그들은 모른다. 자신들이 무엇을 잘못했으며, 왜 잘못되었는지 조차도 모른다.

세상에 공짜는 없다!

피곤한 몸을 이끌고 다시 집으로 오는 지하철과 버스 안에서도 전화벨 소리와 통화는 계속 들린다. 도대체 더불어 사는 에티켓 매너도 없고, 예의가 없다. 이들은 세상을 살아가는 기본적인 예절교육을 배우지 못했나 보다.

배려하려는 마음이 없다. 양보하려는 마음은 더더욱 없다. 더불어 산다는 공동체의 마음과 의식은 어디에도 찾아볼 수조차 없다. 그저 내가 하고 싶은 일을 하면 된다는 마음뿐이다. 이들과 더불어 어떻게 행복하게 잘 살 수 있을까를 생각하며 스르르 눈을 감는다. 귀에는 그들의 소음이 나의 수면을 방해한다. 난 지금 몹시 힘들고 지친다. 잠을 자야 하는데. 잠을 잘 수가 없다.

SNS(Social Network Service)

국어가 미래다: 참 현실적이고 고통을 공감하면서 나누고 싶습니다. 그래서 교육도 의무겠지요. 각자가 태어나 사는 환경이 다르다보니 수많은 사고와 행동이 내 눈에 다 못 보기도 합니다. 선생님께서 소신과 원칙을 지니고 가르치시면 그들도 언젠가는 선생님을 기억합니다. 휴대폰으로 게임하는 학생에게 너 무슨 게임하니 재미는 있니? 머리 염색한 놈보고 야 멋있다! 엄마가 해 주셨니? 휴대폰 울리는 놈보고 받아라 급한일 아냐? 지각한 놈보고 어서 와라 샘이 안와서 걱정했다, 무슨 일 있는 거 아니지? 선생님이 도와 줄 일이면 수업 끝나고 찾아와라. 싸운 놈들한테 누가 잘못했나? 하기보다 너희 둘 너무 잘 어울리는 친구 같은데 무슨 일이야? 하고 작은 것이지만 각자 잘못했다고 느껴지는 것 말해봐? 등등.

선생님은 너를 참 멋있고 대견하게 봐왔는데 이러면 샘 실망할 수 있어.

"샘은 너를 믿는다"라고 말해주시면 당장은 아니지만 나중에 건강한 사회인이 될 것 같습니다. 그도 나중에 샘한테 배운대로 써 먹겠지요. 도사 앞에서 요령(搖鈴)흔드는 느낌입니다.

하루 힘내세요.

세미(참좋은당신을 만났습니다): 학생. 교사 학부모 모두의 문제이고 책임이지요 ㅠ참 슬픕니다. 교사와 학생의 신뢰가 무너진 현장에서~~~ 하지만 오늘도 그 학생들을 믿고 힘을 내 봅니다. 파이팅해야죠^^

김진숙: 어떻게 살아야 사람답게 사는 건지를. 배려와 양보, 정의와 진실 등이 왜 가치로운 건지를. 더불어 살기 위해 해야 할 것이 무엇인지를. 그 어떤 것도 제대로 배운 적이 없고 그런 것들의 가치를 제대로 느껴본 적도 없잖아요. 사람들의 마음이 갈수록 황폐해지는 거 같아서 걱정이네요. 이런 세상에서 우리 아이들의 마음을 어떻게 지켜낼 수 있을지.

요즘 아이들은

지하철이나 버스, 그 어디를 가더라도 문자 중독과 게임 중독에 빠진 학생들을 볼 수 있다. 이어폰을 끼지 않고 자신이 하는 게임의 소리를 크게 틀어 놓는 아이도 더러 있다. 그는 게임의 리얼리티를 살리기 위해 공공의 장소에서 자신만을 위한 행동을 한다.

게임을 하면서도, 음악을 들으면서도 끊임없이 그들은 문자로 소통을 한다. SNS로 그들은 하나의 그물망으로 엮이어 산다. 그들에게 주변의 사람들은 투명인간이다. 자신과 소통하고 있는 사람만이 의미가 있다. 옆에서 차를 타고 함께 가는 사람들은 존재하지 않는다.

이런 그들에게 핸드폰은 자신과 친구들, 타인을 연결시켜주는 생명의 줄이다. 이런 아이들이 학교에 등교하면 핸드폰을 반납한다. 그리고 그들은 교실이라는 20평의 섬에 갇힌다. 그들의 흥미와는 관계없이, 선생님들은 교육과정을 따라서 수업한다. 아이들은 저마다의 섬이 되어 간다. 수업에 참여하는 아이, 소설책 또는 만화책을 보는 아이, 거울을 꺼내 화장하는 아이, 그저 무기력하게 잠을 청하는 아이. 그리고 자신만의 수업 진도를 몇몇 아이와 함께하는 교사. 그들은 모두 각자의 섬이 되어 간다. 수업이 끝나면 핸드폰을 받아 간다. 그리고 그들은 또 다른 섬이 되어간다.

요즘 아이들은 멀티형 인간이다. 수업을 들으면서도, 자판기를 보지도 않고 문자 통신을 할 수 있다. 누군가 자신에게 억울한 일을 요구하면 항의하고, 못 견디면 동영상이나 사진을 찍어 동료에게 알린다. 그와 연결된 친구는 그 내용을 이곳저곳으로 퍼 나른다. 순식간에 그 학생에게 벌어진 일은 세상으로 퍼져 나간다. 이런 핸드폰의 부정적 측면 때문에 고가의 개인재산을 교사들은 매일 아침마다 수거해서 교무실에 보관한다.

요즘 아이들은 혼자이면서 혼자가 절대 아니다. 섬이면서도 섬이 아닌 육지다. 고독하면서도 고독하지 않은 요즘 아이들은, 모르는 것은 없어도 제대로 아는 것은 별로 없는 새로운 인류다. 그래서 요즘 아이들을 가르치기 힘들다고 한다.

하지만 요즘 아이들의 문제가 지금 아이들에게만 문제였을까? 나폴레옹이 이집트 원정 때 발견한 2,200여 년 전의 로제타석에는 "요즘 아이들이 걱정이다."는 말이 나온다. 아주 옛날에도 그렇고 지금도 젊은이들은 문제다. 내가 살고 있는 현재의 요즘 아이들은 정말 문제다. 아니 언제나 아이들은 문제이다. 문제가 없는 그 아이가 오히려 진짜로 문제인 아이일 수 있다.

SNS(Social Network Service)

임원영: 며칠 전 아이랑 핸드폰 요금제 때문에 다툰 일이 있습니다. 항상 모자란 통화시간, 데이터로 허덕인다고 불평입니다. 잘 때도 핸드폰을 들고 자는 것이 보기 싫어 더 이상의 무제한은 안 된다고 딱 잘라 말했는데 작은 소리로 소통의 부재를 이야기 합니다. 그래서 무제한 통화로 바꿔주었습니다. 아이의 표정이 세상을 다 가진 듯 행복해 보였습니다. 무조건 막기만 하는 것이 잘 하는 일이 아닐 수도 있다는 생각을 해 봤습니다. 사실 그게 뭐 큰일이라고….

김진숙: 항상 말 잘 듣고 모범적이었던 우리 아들이 대학 가서 말을 잘 안 듣더라구요. ~ 반항적인 멘트도 잘 날리고…. 요즘 핸드폰에 지나치게 많은 시간을 투자하는 아들을 보면서 많은 생각을 하고 있답니다. 확실한 건, 우리 때랑은 많이 다르다는 거네요. ~ ㅎㅎ

입장 바꿔 생각하기

요즘 어른들은 무엇을 보고 배웠을까? 요즘 아이들은 학교에서 무얼 배울까? 도대체 학교에서 무얼 가르치고 배웠기에, 요즘 아이들이 이럴까를 많은 어른들이 걱정한다. 동감한다. 하지만 또 다른 그 많은(?) 어른들은 어디서 무얼 배웠기에, 그토록 안하무인격으로 전화를 하고, 수강생으로서, 학생으로서 예의를 지키지 않는 것일까?

소통이 단절된 사람들

조상 제사를 지낼 때 쓰는 '현고학생부군신위(顯考學生府君神位)'라는 글은, 벼슬을 하지 않고 죽은 사람을 나타내는 지방(紙榜)이다. 난 이것을, 인간은 죽어서도 배워야 하는 학생이라고 달리 해석한다. 어른도 잘못했으면 그 잘못을 고쳐야 한다. 자신의 잘못이 무엇인지를 알지 못한다면, 그 어른도 야단을 받고 깨우쳐야 한다. 어른도 배울 것은 배우고 잘못한 점은 고쳐야한다. 그런데 어른을 가르쳐 줄 사람은 없다. 싸움만이 일어날 뿐이다. 이때는 어찌해야 할까?

넘어지고 자빠지고 쓰러져도, 다시 일어설 수 있는 젊음을 갖고 있는 사람이 학생이다. 실수와 실패를 통해서 오히려 너욱 크게 성장하는 게 젊은 그들이다. 그래서 삶을 배우는 모든 사람을 학생이라 한다. 이 때문에 사람에게는 끊임없는 교육이 필요하다. 교육은 해야 할 일과 하지 말아야 할 일을 구분하도록 일러 깨우치는 것이다.

 학생들이 공공의 질서를 지키지 못했다면, 공공의 질서를 지켜야 함을 알려주고 깨닫게 해야 한다. 아무 곳에서나 거침없이 행동하는 사람에게 그리하면 안 된다는 것을 일러주는 것도 교육이다. 그러므로 교육은 누구나 다해야 하는 것이고 다 받아야 하는 것이다. 왜냐하면 혼자만이 사는 세상이 아니기 때문이다.

 억압과 통제로 학생들을 가르치는 시대는 지났다. 야단맞고, 욕먹고, 매 맞으며 크는 아이들의 시대는 지났다. 벌금과 벌점, 벌칙으로 학생들을 통제하고 가르치는 시대는 지났다. 칭찬과 상점과 격려와 지지로 학생들의 변화를 기다리자. 아이들의 이야기를 많이 들어주고, 아이들의 시선으로 학교를 보고, 어른인 우리들의 모습을 살피자.

 이제는 학생들에게 핸드폰을 돌려주자. 핸드폰은 공공의 질서를 지키면서 사용해야 함을 교육하자. 문명의 이기답게 정보를 검색하고 지식을 확장하고, 타인과의 소통을 원활하게 하는 장치로 사용해야 한다는 것을 깨우쳐 주자.

 모두가 똑같은 생각과 행동을 하라고 요청하거나 명령하지 말자. 그저 아이들이 보고 배우며 따라 할 수 있도록 어른들이 모범을 보이자. 그런 점에서 아이들은 오히려 어른의 스승이다. 그 누군가가 어른을 지켜보고 있다. 아이들이 지켜보고 있다. '그렇게 하면 안 돼요!'라며 아이들이 어른들을 가르치고 있다. 아이들은 배우는 역할만 하는 게 아니다. 아이들이 보고 있다. 아이들에게 배우자.

의식의 전환이 필요하다. 학생에게 금지만을 가르치고 명령만 할 때가 아니다. 어떻게 해야 한다는 실천의 보람을 느끼게 해야 한다. 말로만 가르치지 말고 행동으로 가르쳐야 한다. 더 나아가 이제는 학생과 교사의 입장을 바꿔서 생각해 볼 때다.

'내가 학생이라면?'

'내가 선생님이라면?'

SNS(Social Network Service)

임원영: 몇 년 전에 멘토링 수업을 받는 적이 있어요. 아이의 눈높이로 생각하고 판단하고, 이야기를 들어주고 하는 교육이었는데 참신하고 좋았던 기억이 있습니다. 제가 '아눈세바' 논술이란 이름으로 수업했던 것과 일치했지요. 아이의 눈높이로 세상 바라보기. 하지만 항상 이 부분이 어렵습니다. 왜냐하면 전 어른이라는 생각 때문에요. 저도 아이들을 통해 배우는 것이 많습니다. 아이들이 더 어른일 때가 많거든요. 그래서 항상 제가 어른이라는 생각 버리려고 많이 노력합니다.

김진숙: 혼나야 될 어른들이 너무 많아요~ ㅋㅋ

2. 분신과 떼어놓지 마라

"핸드폰을 수거하겠다. 너희들을 못 믿어서야. 도대체 해야 할 때와 하지 말아야할 때를 구분하지 않아. 도대체 너희들을 어떻게 믿니?"

나는 선생이다

무언가 일을 하고 그 일의 결과를 갖고 고민한다는 사실은 모든 직장인들이 가지고 있는 공통의 관심사다. 교사를 직장인으로 본다면, 교사는 정말 행복한 직장인이다. 사실 교사만큼 좋은 직업은 없다. 일할 수 있는 직장이 있고, 그 일하는 대상이 자라나는 아이들이고, 아이들의 가능성을 피우게 하는 일을 하기 때문이다. 때로는 아이들로부터 배우기도 한다. 교사보다 더 좋고 행복한 직업은 없다. 해마다 손님이 바뀌고, 그 손님들은 언제나 작년의 손님들보다 젊으며 새로운 도전을 제기한다. 그리고 손님들은 언제나 새로운 디자이너를 찾는다.

또 다른 '나'인 핸드폰

중학교 3학년으로 진학한 학생들과 만난 지 얼마 되지도 않았던 3월 13일 수요일 오후에 생긴 일이다. 고가의 상품이자 개인 재산인 핸드폰을 매일 아침 수거하고 방과 후에는 나누어 준다. 참으로 번거로운 일이다. 무엇보다도 아침부터 학생들과 신경전(?)을 벌이는 이 일이 싫었다. 하지만 규칙은 지켜야 의미 있는 것임을. 그래서 핸드폰을 거뒀다.

핸드폰 수거와 분출을 학생 이○○ 군에게 부탁을 했다. 이○○는 유머 감각이 뛰어나다. 그리고 짓궂은 장난을 선생님들에게 걸기도 한다. 그런데 종례를 하면서 핸드폰을 나누어 주다가, 백○○ 군의 최신폰 갤럭시3을 분실하였다. 80여만 원에 해당하는 돈을 물어내야 할 입장이었다. 고민이 많이 되었다. 의심도 많이 일었다. 상담할 사람을 찾다가, 제자가 아닌 동료 도반이 된 윤○○ 샘에게 의논드렸다.

윤선생님은 여러 가지 방법을 알려주었다. 내가 잘하지 못하는 거라, 전문가인 경찰에게 부탁하기로 했다. 112에 신고하고 수업을 들어가니, 얼마 뒤 출동한 경찰 두 분이 찾아왔다. 학생들에게 양해를 구하고, 교무실로 왔다. 그런데 그 중에 한 순경이 '어, 선생님!~ 어떻게 석남중학교에 계세요. 저 동산고 62회예요.' 라며 인사를 하였다. 선생으로 산다는 보람을 느끼는 순간이었다.

그분들께 이런저런 이야기를 하고 배움의 공동체 연수를 들으러 2층으로 내려왔다. 1시간 이상의 연수를 듣고 잠시 휴식시간이었을 때, 3학년 5반의 김선생님이 말씀하셨다. "선생님!~ 폭력 신고함에 분실한 핸드폰이 있나 봐요. 그 속에서 전화벨 소리가 나요." 교무실에 올라와서 폭력 신고함을 열었다. 옆에는 집에서 연락을 받고 학교로 온 백○○ 군이 있었다. 그 곳에 핸드폰이 있었다.

범인은 찾아야지요!

고급 핸드폰에 대한 학생들의 시기심과 질투에서 비롯된 장난이었는지, 악의로 훔치려고 그런 것인지 모르겠다. 어찌되었던, 분실했던 ○○이와 ○○이의 부모님은 학교의 CCTV를 확인하겠다고 하였다. 이것도 고민이다. 범인(?)을 찾으면 어떻게 해야 하나? 범인과 ○○이의 관계 설정은 또 어떻게 해야 하나? 이들과 함께해야 할 담임교사로서 나는 또 어떻게 대처해야 하나? 다행히 ○○이의 어머님께서 대안을 말씀해 주셨다.

"CCTV를 확인할 때, 관계된 선생님들만 보시고 ○○이에겐 비밀로 하시죠."라고.

이 일을 계기로 생각해본다. 이제는 어른-선생님들이 발상의 전환을 해야 할 때라고. 과연 학생들의 핸드폰을 매일 아침 수거하고, 종례 때는 다시 나누어 주어야 하는가? 내 개인적인 생각으론 걷지 말자이다. 교육이 필요한 것이 바로 이 지점이기 때문이다.

SNS(Social Network Service)

임원영: 핸드폰을 걷고 다시 나눠주는 일이 아이들에게 어떤 자극이 되는지 모르겠어요.

저도 별 효과적이지 못하다는 생각이 듭니다. 아이들도 수업 중에는 핸드폰을 하면 안 된다는 정도는 잘 알고 있습니다. 문제가 또 다른 문제를 만들 수도 있다는 생각이 드네요.

김진숙: 아이들이 안 된다는 걸 알기는 하는데요, 아는 것과 행동이 달라서 문제예요. ㅋㅋ 핸드폰 문제는 사실 많은 선생님들의 딜레마 중 하나일 거예요. 저도 고백하자면 수업 중 핸드폰 사용에 대해 무척 엄했던 사람이었어요. 이제는 많이 내려놓아서 괜찮아졌지만요. 핸드폰과 씨름하지 않기 위해 핸드폰 수거에 찬성했는데, 그래도 핸드폰과 씨름하게 되더라구요. ~ 씨름의 내용이 좀 달라지긴 했지만요. 교육의 문제... 맞습니다!!! ^^

김형백: 학급에서 일괄적으로 핸드폰을 보관하고 나눠주는 문제도 또 하나의 업무 부담인 것 같아요. 또한 분실이 발생했을 때 책임 문제도 한계도 애매하구요. 공동체 구성원들과 함께 핸드폰 보관 문제를 진지하게 협의해서 생활협약으로 설정하여 이제는 정말 아이들이 자신의 행동에 대해서는 책임을 지는 학교문화를 만들어가야 하지 않을까요.

아이들은 성장통을 앓고 있다

서로를 믿지 못하는 마음에서 만든 수거의 규칙보다는 서로를 믿는 마음에서 절제를 유도하는 안내의 규칙이 필요하다. 영화 시작 전에 나오는 관람의 약속을 알려주는 광고처럼 수업 전에 선생님들이 찍은 광고-안내와 교육-을 해야 한다.

약속은 지켜야 의미가 있고 가치가 있다. 아이들은 자신이 한 약속을 지키려고 한다. 물론 몸에 익숙한 게으름과 본성(?)으로 인해 약속을 어길 때도 있다. 하지만 그들이 약속의 소중함과 약속을 지켰을 때의 아름다움을 이해한다면, 그들은 약속을 지키려고 할 것이다. 그건 학생뿐만이 아니라 인간 모두의 양심이고 가치관이다.

그래서 우리 반 학생들에게 이런 이야기를 했다.

1. 핸드폰은 개인의 재산이다. 그 재산권 행사는 잘해야 한다. 공동체 생활을 하는 학생, 아니 모든 인간은 서로를 배려하고 소통할 줄 알아야 한다. 특히 학생은 꼭 해야 할 일과 절대 해서는 안 될 일을 구분하고 배워야 할 시기이다.

2. 때문에 수업시간 중에, 공공의 질서나 수업을 방해하는 행위를 한 학생의 핸드폰은 압수한다.

가. 한 번 걸리면 - 3일간 압수, 벌점 1점

나. 두 번 걸리면 - 일주일 간 압수, 벌점 2점

다. 세 번 걸리면 - 이주일 간 압수, 벌점 4점

라. 세 번 이상은 학교에서의 핸드폰 사용금지.

배움의 공동체 수업에서는 핸드폰을 사용해서 정보 검색한다. 핸드폰을 통해서 많은 교육적 효과를 성취할 수도 있다. 아울러 사랑하는 사람, 존경하는 사람에게 메일보내기, 문자 전송하기 등의 소통과 배려, 인성 교육도 할 수 있다.

그래서 난 핸드폰 수거를 지양해야 할 때라고 생각한다. 아무도 하지 않는 일을, 그 누가 아닌, 바로 석남중학교에서 실시하면 좋겠다는 생각을 해 본다.

SNS(Social Network Service)

임원영: 우리아이들이 선생님 말씀 들으면 만세 할 거 같네요. 야호!! 아이들에게 핸드폰은 기계 이상의 연결고리에요. 세상과의.

김진숙: 이상과 현실의 괴리.

우리 모두를 그렇게 보지 마세요

'실내에서는 담배를 피워서는 안 됩니다.' '핸드폰을 잠시 꺼 주십시오.'라는 정중한 부탁이 있었음에도 불구하고 담배를 피우는 사람, 전화벨이 울리는 사람이 있다. 침묵해야 할 때인데 전혀 거리낌 없이 분위기 파악을 못하는 사람이 있다. 이런 사람들은 극히 드물지만 꼭 있다. 그 한두 명을 갖고 아이들 모두를 진단하지 말자. 그 한두 명을 갖고 모든 학생들이 문제라고 하지 말자.

핸드폰 사용을 하지 말라고 했는데도, 핸드폰을 사용한 학생이 있다. 수업 중에 핸드폰을 사용하는 학생에게 이야기를 해 주면, 공공장소에서의 흡연과 청소년기의 흡연이 안 좋은 이유를 설명해 주면, 학생들은 핸드폰 사용을 자제하고 금연한다, 그들은 충분히 이성적이고 대화가 통하는 인간이다. 핸드폰을 사용한 학생과, 담배를 피우다 걸린 학생에게 그들의 잘못을 이야기 해주면 그들은 자신들의 잘못을 안다. 그리고 미안해한다. 왜 잘못했는지, 왜 미안한지를 들어보면, 그들은 이미 모든 것을 알고 있다. 더 이상 가르칠 것이 무엇인가?

아이들이 아파한다. 아이들은 대화하고 싶어 한다. 아이들은 자신의 꿈과 희망을 이야기하고 싶어 한다. 이제는 그들의 이야기를 듣자. 어른들의 사회와 질서만을 그들에게 강요할 것이 아니다. 이제는 그들의 말을 들어보자. 그들은 자신의 이야기를 하면서 스스로 성장한다. 우리 어른들도 그런 시절을 겪지 않았던가? 어른들이 위에서 밑으로 내려와 아이들의 이야기를 들어 준다면, 비로소 의식의 전환이랄 수 있는 역지사지(易地思之)가 일어난다. 학생과 교사, 아이와 어른의 역지사지가 일어나면, 이 사회는 지금보다 훨씬 부드러워지고 따뜻한 사회가 될 것이다.

 SNS(Social Network Service)

임원영: 아이의 눈높이로 세상 바라보기. 제가 생각해도 참 잘 지은 이름 같다는 생각이 들어요. 얼마 전 청소년 인문학 토론대회에서 중학생 아이들을 만났을 때 초면인 아이들과 금방 친해질 수 있었던 이유가 바로 눈높이였어요. 제일 힘들지만 가장 빠른 방법이지요. 아이들은 빨리 알아버려요. 이 사람과 소통할 수 있을지 없을지를….우리가 항상 아이들 위에 있다는 생각 버려야 한다고 생각합니다.

김진숙: 학교 현장에서 가끔 느끼는 건데요... 선생님들이 아이들의 얘기를 참 안 들어줘요. 그러고는 일방적으로 판단하고 질책하는 걸 보게 돼요. 우선 충분히 듣기! 소통의 기본인데….

이미영(학부모): 상담의 기본도 경청에 있지요, 왜? 자기 이야기를 쏟아내면서 그 자체로 화가 풀리고 결국 가야할 길을 찾더라는 거지요, 그런데 어른들은 자기이야기 하기에 너무 바빠요, 아이들은 어른들이 다음얘기 할 것 까지 다 알고 있는데 말이죠.

3. 짜장면으로 화해하는 시대는 지났다

있는 것을 있다하고 없는 것을 없다고 하는 것이 참이다.
없는 것을 있다하고 있는 것을 없다고 하는 것은 거짓이다.
참과 거짓을 있는 그대로 표현하는 것, 그것이 진리이고 정의이다.

아버지의 일 때문에 자주 전학을 다녔던 나는 초등학교 4학년까지 구구단을 외우지 못했고 한글을 읽고 쓸 줄도 몰랐다. 그랬던 내가 4학년(1974년)때 전학간 곳이 천호초등학교(당시 천호국민학교)였다. 4학년 8반 학생들은 70~80여명이었던 것으로 기억한다. 반 친구들에게 인사하고 나에 대한 소개를 한 다음, 선생님은 비어 있는 자리에 나를 앉도록 했다.

남존여비 사상이 강했던 아버님의 영향으로 나는 여학생에게 져서는 안 된다는 생각이 머릿속에 들어있었다. 어느 날, 선생님이 수업을 진행하다 구구단 외우기 게임을 하였다. 나는 불러주는 구구단 문제에 대한 대답을 몇 번 하지 못했다. 국어 교과서를 읽으라고 해도 나는 띄엄띄엄 글을 읽었다. 그런 일이 몇 번 있고나자, 내 옆의 짝꿍인 혜경이가 나를 타박했다.

"무슨 남자애가 한글도 읽을 줄 모르고, 구구단도 못 외우냐?"

혜경이는 그냥 하는 소리였지만, 나는 그 때 자존심이 상했다.

상과 보상이 있는 응보적 정의

혜경이와 같이 쓰는 책상에 금을 그어 반으로 나누었다. 나는 내 영역을, 짝꿍은 자신의 영역을 넘어서면 안 된다. 만약 그 선을 침범한 책이나 공책, 지우개와 연필은 넘어온 부분만큼 내 것이 되거나 짝꿍 것이 되었다. 우리 때는 그랬다. 특별히 놀 것이 없던 초등학교 다닐 때의 놀이 중 하나였다.

그러다가 사소한 일로 말다툼이 벌어졌다. 그리고 나와 혜경이는 싸웠다. 혜경이와 나는 서로 싫어했다. 말과 말 사이에는 화살이 있었고, 그 화살은 상대방의 마음에 상처를 내었다. 우리 둘은 한동안 말도 하지 않았고 눈도 마주치지 않았다. 그런 나와 혜경이를 담임선생님께서 부르셨다.

"너희들 왜 싸운 거니?"
"수석이가 제 지우개를 잘랐어요."
"혜경이는 제 연필을 잘랐어요."
"수석이가 혜경이의 지우개를 잘랐고, 혜경이는 수석이의 연필을 잘랐다고 하는 구나……. 지금 너희들 마음은 어떠니?"
"……"
"……"

"너희들이 장난치다가 화가 나서 저지른 일이고, 이제는 서로 미안하기도 하지만 자존심 때문에 서로 말을 안 하는 거 같구나. 선생님이 혜경이의 지우개와 수석이의 연필을 새로 사줄게. 너희 둘은 짝꿍이잖아. 언제까지 이렇게 지낼 거니? 너희들 때문에 친구들이 서먹서먹해

피해자와 가해자가 화해하는 회복적 정의

지고 반 분위기도 안 좋잖아. 화해하렴. 자 여기 연필과 지우개 있다. 선생님이 보는 앞에서 화해해야지."

　그렇게 나와 혜경이는 화해했다. 그리고 나는 혜경이의 성화로 구구단을 외웠고 혜경이의 도움으로 한글을 읽고 쓸 줄 알게 되었다. 그리고 초등학교를 졸업한지 근 40년 만에, 담임이셨던 김재근 선생님과 조혜경, 이수석, 손정우, 차주일, 유숙자, 설미숙의 동기동창들이 만났다. 선생님은 정년퇴직을 하셨고, 지금은 인천에서 전원생활을 하시며 농사도 짓고 계신다고 하셨다. 어릴 적 70~80여명의 꾀죄죄한 학생들을 사랑으로 길러 주신 것처럼, 생물들이 자라나는 것을 보며 당신의 교직생활을 돌아보신다고 하셨다. 장난기 많고 커서 뭐가 될지 걱정이 된다고 했던 우리는, 그 시절을 보내고, 각자의 가정을 이루며 오늘도 힘차게 살고 있다. 그리고 또 잊고 각자의 삶을 열심히 살고 있었다. 그러다가 우연히 다시 살펴본

SNS 소식 방에는 김재근 선생님의 글이 올라왔다.

'올해는 그대들과의 만남으로 참으로 행복했다네. 반가운 얼굴들을 봤을 땐 두근거리는 가슴을 누를 수가 없었다네. 그대들의 얼굴을 다시 한 번?. 손 목사님, 차 상무님, 이 선생님, 유 사장님, 설 사모님, 조 서예가님! 갑오년 새해! 건강하고 집안의 화목과 복 많이 받길 기원하네.^^ Happy New Year!'

사랑은 내리 사랑이 맞는 가보다. 선생님과의 만남 뒤, 우리 각자는 바쁘다는 이유로 다시 문안인사도 못 드렸는데, 선생님께서 먼저 우리들에게 새해 인사를 주셨다.

우리는 지금도 SNS 소통망을 통해 만나고 있다. 서로 살아온 이야기, 살아가는 이야기, 앞으로 살아가야 할 이야기 등을 나누고 있다. 아무런 이해타산도 갖지 않고 우리들은 서로를 격려해주며 좋은 글과 긍정적인 마인드를 살려줄 덕담을 나눈다.

하지만 초등학교를 졸업하고 각자의 인생을 살아온 50대의 우리들의 생각은 같았다. 비록 우리의 초등학생 시절이 힘들고 배고팠지만 그 때가 좋았다고. 하지만 그 때로 다시 돌아가지는 않겠다고. 어쩌면 삶은 모순 덩어리인지도 모른다. 우리의 지금 현재가 과거 초등학교 때보다는 더 행복하다. 우리의 그때가 좋았지만, 그때로 다시 돌아가고 싶지는 않기 때문이다.

어찌되었건, 우리가 초등학교 다닐 때는 그랬다. 아니 중학교와 고등학교 다닐 때도 그랬다. 둘이 싸우면 그걸 중재해 주는 친구가 있었고, 그것이 어려우면 선생님이나 윗사람이 중재해주었다. 나름의 불평불만은 갖고 있었지만 도시락을 같이 먹으면서 행복했고, 웃고 화해했다. 켁켁거리며 교실 난로에 장작불과 석탄을 때면서 코와 볼에 묻은 검정을 보면서 킥킥거리고 호호거리며 우린 자랐고 배웠다. 서로를 배우고 가르치면서 우린 성장했다. 배고픈 시절이었지만, 정말 행복한 학교생활이었다. '아이들은 싸우면서 큰다'는 말처럼 우린 싸우고 화해하고 또 싸우고 화해하면서 성장했다.

학교가 죽어가고 아이들이 힘들어 한다고 한다. 아이들이 문제라고 한다. 지금 아이들은 아는 게 없고 개념 없이 생활한다고 한다. 아니 대한민국의 장래가 걱정된다고들 말한다. 학교에서는 상급기관과 학교, 관리자와 교사, 교사와 교사, 교사와 학부모, 교사와 학생, 그리고 학생과 학생 간의 끊임없는 갈등이 발생하고, 그 갈등은 언어적 폭력과 물리적 폭력으로 이어진다. 그리하여 학교가 죽어가고, 교사와 학생은 학교 가기가 두려워지고 싫어진다고 한다.

그런데 이와 같은 문제는 인류역사의 시작과 더불어 늘 진행되어 왔던 문제였다. 인류의 역사는 개인의 삶처럼 투쟁과 갈등, 그리고 평화와 화해의 역사이기도 하다. 칭찬과 처벌을 통해 인간 개개인이 변하고 성장하듯이, 인류의 역사도 갈등과 화해를 통해 배우고 익히며 성장해 왔다고도 할 수 있다.

그러나 과거에는 공동체가 있었다. 상호 이해와 존중의 풍토가 있었다. 누가 나쁜 짓을 하면, 누구 집 자식이 어찌했더라는 소문이 동네에 쫙 퍼졌다. 개인은 개인이면서도 개인이 아니었다. 그에게는 그의 가족과 친구, 선후배가 항상 함께했다. 그리하여 자신의 행동을 돌아보게 하였다. 이건 누가 가르쳐 준 게 아니었다. 그 사회 시스템이 그렇게 되어있었다. 공동체를 통해서 우리들은 배우고 성장하며 깨우치고 잘못을 교정했다.

지금은 가족이라는 공동체가 무너졌다. 학교라는 배움의 공동체도 흔들리고 있다. 서로 배려하고 양보하던 마을이라는 공동체도 사라졌다. 삶의 지혜를 나누고 배울 수 있는 어른과 아이라는 서열도 사라졌다. 이제 이 사회는 그 모든 것들의 줄기가 사라졌다고들 한다. 하지만 과연 그럴까?

인간은 관계 속에서만 의미가 있다. 인간(人間)이라는 표의문자인 한자도 사람과 사람 사이의 관계를 나타낸 글자이다. 네가 있기에 내가 의미 있고, 내가 있기에 너의 가치가 빛난다. 가고 싶은 학교, 아이들을 만나는 게 행복한 출근길, 배움이 일어나는 학교는 어떻게 다시 만들 것인가?

나는 학교와 사회를 공동체의 가치가 묻어나는 곳으로 만들어야 한다고 본다. 그리고 그와 같은 환경을 만들기 위해서는 비폭력적 대

자장면은 소통과 회복의 매개체

화를 통한 회복적 생활지도, 나아가 회복적 정의가 이루어져야 한다.

짝꿍과 나를 화해시키기 위해서 담임선생님은 우리들에게 학교 일과 끝나고 남으라고 했다. 선생님께선 남은 우리를 자장면 집으로 데리고 가 주셨다. 입언저리에 묻은 자장면 먹은 흔적을 보고 짝꿍과 나는 웃으며 화해했다. 선생님의 이 교육이, 지금 생각하니 응보적 정의에서 회복적 정의로 가는 모습이었다. 가해자와 피해자 모두가 힐링(Healing)할 수 있는 회복적 정의를 어릴 적 내 은사와 선배들은 이미 알고 있었고, 생활 속에서 실천하고 있었다. 그래서 내 어릴 적 추억은 춥고 배고팠지만, 그래도 행복했다.

SNS(Social Network Service)

임원영: 얼마 전 30년만에 초등학교 친구들을 만났습니다. 사업가, 직장인, 주부, 자영업자 각자 하는 일은 달랐지만 모이니까 그냥 친구였습니다. 한 친구가 그러더군요 원영아, 나 너 때문에 공부했잖아. 네가 가르쳐 주는 게 좋아서…, 전 기억하지 못했지만 그 친구 미소를 보니 제가 참 큰 역할을 했구나 싶어서 저도 밝게 웃어 주었습니다. 추억은 행복을 동반하는 거 같습니다.

김진숙: 아이들이 드러내는 여러 가지 문제들이 과연 아이들만의 잘못이라고 할 수 있을까요? 사회와 어른들이 보여주는 모습이나 가르치는 것들을 돌아보면 왜 요즘 아이들이 이렇게 되었는지 알 수 있을 거라고 생각해요.

갈수록 사람들의 마음이 팍팍해지고 분노조절이 안 되는 사람들이 늘어나고 있는 지금의 세태를 보면서 회복적 정의가 이 사회의 해답이 될 수 있을 거라는 생각이 듭니다.

4. 왜 나만 갖고 그래요?

'인간은 인간 사이에서만 인간'이라는 피히테의 말은 인간의 관계성을 말한 것이다. 내가 의미가 있기 위해서는 상대방이 존재해야 하고, 상대방은 내가 있을 때 비로소 의미 있는 존재가 된다.

춥고 배고팠지만 그래도 행복했던 공동체의 정신을 이제라도 살려야 한다. 폭력이 난무하는 학교 현장, 승자와 패자만을 가르는 우승열패의 학교를 변화시켜 협동학습이 살아있는 학교 공동체를 만들어야 한다. 서로 간에 배우고 익히며 행복해야 할 학교현장을 회복해야 한다.

사회는 점점 더 세분화되고 예외적인 사건들이 많이 발생한다.

제발 그만 하세요!

과거에는 팔조법금만 있어도 사회를 유지, 통합할 수 있었다. 사람을 죽인 자는 사형에 처한다는 생명에 관한 법, 남에게 상해를 입힌 자는 곡물로써 배상한다는 신체에 관한 법, 그리고 남의 물건을 훔친 자는 데려다 노비로 삼으며, 속죄하고자 하는 자는 1인당 50만 전(錢)을 내야 한다는 재산에 관한 단순한 법만으로도 나라의 통치가 가능했다.

팔조법금 중에서 전해오는 3가지 법만으로도 나라를 다스릴 수 있었다. 참으로 꿈같은 시절의 이야기다. 하지만 세상은 과거보다는 조금 더 잘 살게 되었다, 어른들은 배고팠지만 그 때가 살기 좋았다고 이야기하면서도 그때(배고팠지만 행복했던 때)로 돌아가고 싶지 않다고 한다.

현재는 내 어린시절보다는 훨씬 더 잘 먹고 잘 산다. 아이들은 연필과 지우개로 싸우지 않는다. 그리고 많은 교사들은 더 이상 자장면으로는 아이들을 화해시키지 못한다. 화해하라며 사주는 자장면을 아이들은 먹으려고 하지 않을 때가 종종 있다.

그래서 많은 교사들은 효과를 빨리 볼 수 있는 응보적 정의로 아이들을 통제하고 길들이려 한다. 응보적 정의는 지금까지의 사회를 유지 발전시키던 것이었다. 어릴 적 읽었던 동화의 권선징악은 응보적 정의의 대표적인 사례다. 눈에는 눈, 이에는 이처럼 상대방이 나에게 준 피해만큼이나, 더 이상의 큰 피해를 돌려주는 것이 응보적 정의다.

하지만 이 응보적 정의는 더불어 사는 사회, 복잡한 현대사회에서는 많은 문제점을 안고 있다. 진리에 맞는 바른 도리를 정의(正義)라 한다. 인간은 살아가면서 지켜야 할 자신의 권리와 자유를 모두 갖고 있다. 동시에 다른 사람의 권리와 자유를 침해하지 않아야 한다. 이것이 정의다. 과거에는 이 정의가 응보적으로 적용되어 왔다. 그리고 이 응보적 정의는 아주 합리적이고 효과적이었다.

책상의 가운데 선을 넘어 침범해 오면, 나는 그 만큼의 응당한 보상이나 보복을 하였다. 이것은 당연히 여겨졌었고 그렇게 교육받았다. 응보적 정의의 핵심이다. 그래서 책상의 빗금을 가운데 두고, 나와 짝꿍은 실랑이를 하였다. 그리고는 서로가 마음의 상처를 주고받았다. 그걸 보다 못한 선생님이 중재를 해 주셨다.

우리는 이렇게 어릴 적부터 응보적 정의를 생활 속에서 배우고 익혔다. 그리고 중학교 가서는 국사와 세계사를 통해서 '눈에는 눈, 이에는 이!'라는 고조선의 팔조법금과 함무라비 법전을 통해 인간사를 지탱해 응보적 정의의 원리를 심화해서 배웠다.

부모님은 내가 착하고 잘하면 상을 주셨다. 선생님은 내가 학교의 규칙을 잘 지키고 약자를 도와주었다면 칭찬과 상을 주셨다. 잘한 일에는 상을 주셨고 잘못한 일에는 책임을 묻고 벌을 주셨다. 이런 '응보적 정의, 보상적 정의'는 인류 사회를 유지해 온 근간이었다.

왜 나만 갖고 그래요?

응보적 정의의 한계점

그러나 세월이 흐르면서 세상은 변한다. 초등학교 다닐 때의 춥고 배고팠던 그 대한민국은 이제 세계 무역량 12위의 엄청난 경제성장을 하였다. 이에 따라 국민들의 생활환경도 급격하게 변하고, 의식수준도 변했다. 이제는 배가 고파서 도둑질하는 생계형 범죄는 거의 사라지다시피 했다. 남들과 비교한 상대적 빈곤감으로 인해서 각종 범죄와 폭력이 난무한다.

사회와 문화가 변함에 따라 학교 현장도 바뀌었다. 선생님들은 넘쳐나는 업무와 수업준비 때문에 학생들과 뛰놀며 소통할 시간적 여유가 부족한 현실을 살아간다. 학생들은 선행학습과 학원수강, 학교수업, 자율학습, 방과 후 학습 등으로 친구들과 이야기하고 놀 시간이 없어졌다. 관리자들은 상급단체에서 내려온 업무를 달성하기 위한 회의와 방안 마련으로 전전긍긍하느라, 교사와 학생들이 진정으로 필요한 것이 무엇인지 돌아볼 여력이 없다.

이런 상황에서 학생들에게 적용할 수 있는 가장 효과적이면서 위안이 되는 정의의 구현방식은 응보적 정의였다.

"너는 교복이 학교 규정에 맞지 않아. 벌점 1점. 너는 인사를 참으로 잘하는 구나. 상점 1점. 너는 흡연을 하였으니 벌점 5점. 학생이 엘리베이터를 타? 벌점 2점. 힘들어 하는 할머니의 짐을 들어 주었다고, 착하구나. 상점 2점……. 친구의 흡연 사실을 알려주었구나. 상점 1점!"

"너는 학교 폭력을 하였어. 너한테 맞았고, 돈을 빼앗기고, 빵 심부름을 했고, 말이 빌린 것이지, 너는 윤필남의 핸드폰과 패딩점퍼도 사실은 빼앗은 거잖아……. 필남이가 다 말했어. 필남이의 부모님은 너무나 화가 나서, 너를 학교폭력과 금품갈취로 경찰에 신고 한대. 도대체 어떻게 하면 좋니?"

"그 자식이 그래요? 잘 모르겠어요. 에이, 학교 자르세요. 학교 안
다니면 되잖아요……. 하지만 아빠와 엄마에겐 연락하지 마세요.
아니, 연락도 안 될 거예요. 그냥 맘대로 하세요. 법대로 하면 되겠
네요……."

"……석주야. 넌 착한 아이였잖아. 왜 이래? 선생님이 너에게 뭐
잘못한 거 있니? 이야기를 해 봐!……."

"…… 사실, 저도 억울해요. 왜 저만 갖고 그래요? 다른 애들도 많
잖아요. 재수가 없으려니까……."

회복적 정의로의 패러다임[1]의 전환

학교 현장에서는 이와 같은 일들이 벌어진다. 그래서 교사들은
학교 가기가 두렵고 학생들은 학교 가기를 싫어한다. 이제는 과거
의 응보적 정의만으로 세상을 유지하고 관리하기가 어려워졌다. 응
보적 정의에서 회복적 정의로의 패러다임을 바꾸어야 한다.

지금 현재의 세계는, 고대의 팔조법금이나 함무라비 법전의 응보
적 정의만으로 해석하고 판결하기엔 너무나 복잡하고 어려워졌다.
착한일과 나쁜 일에 대한 구분마저도 명확하지가 않다. 이제는 가
해자와 피해자의 이분법적 구분만으로는 사건과 사고를 판단할 수

패러다임(paradigm) 어떤 한 시대 사람들의 생각을 근본적으로 정하는 인식의 체계나 사물
에 대한 이론적인 틀을 말한다. 태양이 지구의 둘레를 돈다는 천동설(하늘이 움직인다)은
중세의 패러다임이었다. 하지만 망원경의 발명과 과학적 지식의 성장으로 지구가 태양의 둘
레를 돈다는 지동설(지구가 움직인다)이 현대의 패러다임이다.

없다. 승자와 패자만으로도 구분할 수 없는 것이 현재의 상황이다.

일반적으로 법정의 현실에서는 가해자와 피해자, 원고와 피고, 고소인과 피의자 사이에 상호 공방의 과정을 거쳐, 승자와 패자를 구분한다. 하지만 승자는 이겼어도 패자의 보복과 복수가 두려워 마음 편히 살 수 없다. 패자는 승복할 수 없는 판결에 대해서 울분을 품고 있다. 그리하여 기회가 있으면 자신의 억울함을 알리기 위한 복수를 펼치려고 한다. 응보적 정의만으로는 승자와 패자 모두를 품어 안을 방법이 없다. 응보적 정의만으로는 이 사회를 이끌 수 없다. 이 사회가 행복해질 수 없다. 이것은 일상생활에서도 마찬가지이다.

회복적 정의로 WIN WIN을 이루자

학교에서 발생하는 폭력문제는 더 이상 응보적 정의로 해결할 수 없다. 폭력에는 반드시 가해자와 피해자가 있다. 학교 폭력은 그

듣고 말하는 소통

대상자가 학생이기 때문에 고려해야 할 사항이 더 많다. 학교폭력의 대다수는 가해자이면서 동시에 피해자고 피해자이면서 동시에 가해자인 경우가 많다. 학생은 언제나 배우고 익히며 성장하는 미성년자다. 공동체의 가치를 배우고 익히며 체득해야 한다. 그들에게 응보적 정의만

을 가르치고 체득하게 해서는 안 된다.

학교에는 학생과 학생의 폭력, 학생과 교사의 폭력, 교사와 교사의 폭력, 학부모와 교사의 폭력 등등의 학교 폭력이 있다. 이중, 학생과 학생의 경우에는 마음으로부터의 용서와 화해를 통한 진정한 정의가 이루어져야 한다.

진정한 평화와 안전을 목표로 하는 것이 회복적 정의이다. 회복적 정의는 당장의 효과를 보려는 응보적 정의와는 다르다. 가해자든 피해자든 그 모두에게 만족을 준다. 외형적으로 양보나 포기로 보이기도 한다. 하지만 회복적 정의의 놀라운 결과는 가해자와 피해자 모두에게 실질적인 만족을 가져다준다.

가해자와 피해자가 서로의 진심어린 대화를 통해, 관계를 회복하는 회복적 정의가 구현되면 학교 폭력은 많이 사라질 것이다. 가해자인 학생은 스스로의 잘못을 깨달아 같은 폭력을 저지르지 않을 것이며, 피해자는 가해자의 보복과 복수에 떨 필요가 없다. 이제는 학교 현장에서부터 응보적 정의에서 회복적 정의로 패러다임의 변화가 있어야 한다. 패러다임의 변화는 새로운 학교 상을 만든다. 학교에서 회복적 정의를 배우고 익힌 학생들이 생활하는 세상은 좀 더 살기 좋은 세상이 된다. 그리하여 '왜 나만 갖고 그래요? 저 아이는요?'라며 변명하고 핑계되며 자신의 잘못을 정당화시키려는 수단이 통하지 않는 사회가 만들어질 것이다.

그렇다면 회복적 정의를 어떻게 실현할 것이며, 패러다임의 변화는 어떻게 이룰 것인가?

김진숙: 회복적 정의로 문제를 해결해나가는 세상! 정말 기대되는 세상입니다. ~~~ ^^

이수석: '눈에는 눈 이에는 이!'라는 함무라비 법전의 경구는 약자를 보호하기 위한 최선의 안전장치였다고 합니다. 강자들은 자신이 입은 작은 손해를 되찾기 위해 무수히 많은 다수의 약자들에게 자신의 기분이 풀릴 만큼의 보복을 했다고 해요. 5대를 맞았으면 5대만 때리고 팔이 부러졌으면 그에 상응하는 만큼의 벌을 주어야 한다는 게 함무라비 법전이 추구하는 정의였다고 해요. 이건 지금도 정당한 법치의 원칙이라고 할 수 있죠.

하지만 세상은 변했고 복잡하고 다양해졌잖아요. 함무라비 법전의 응보적 정의만으로는 사람과 사람의 관계를 평화롭게 소통시키고 관계 회복을 할 수 없다고 봐요. 그래서 등장한 것이 조금은 시간이 걸리고 번거롭지(?)만 회복적 정의를 실현해야 한다는 것이죠. 그런데 이와 같은 회복적 정의도 저는 초등학교때 이미 경험을 했어요. 교사는 아이들이 자신의 이야기를 많이 할 수 있도록 안전하다는 공간과 장치를 만들어 주면 된다고 봐요.

학생들의 말을 기다리자! 교실에서 학생들의 말이 더 많이 들리게 하자!

이미영(학부모): 초등학교 때부터 고등학교 때까지 다양한 관계로부터 상처받았던 기억이 하나둘 스칩니다. 놀림당한 게 억울해서 남자아이 집까지 쫓아가 한방 날려주던 기억, 담임선생님의 편애에 혼자 마음 쓸던 기억, 친구들 사이에 삥 둘러쳐져 가운데서 혼자 힘들어하던 친구를 선뜻 도와주지 못했던 기억… 하지만 그땐 알고 있는 대응책이란 게 그렇게까지 폭력적이진 않았습니다.

즉 아는 만큼 휘두르는 것이죠. 응대하는 법, 문제를 푸는 법, 폭력을 해결하는 법, 평화롭게 화해하는 법 등등. 더 다양한 방법을 아이들에게 알려줄 수 있는 어른들이 필요합니다. 아이의 눈과 마음을 최대한 키워줘야 큰 폭에서 그나마 나은 방법을 선택할 수 있겠죠.

5. 소통과 배려의 대화법

교사는 선생이면서 동시에 학생이다. 학생은 학생이면서 동시에 선생이다.
지식폭발의 시대에서 그 누구도 모든 것을 알 수 없고 알 필요도 없다.

상황1 : 학생과 교사, 그리고 응보적 정의

학생1: "저희가 교무실에 들어가자 몇몇 선생님들이 또 너희냐?
　　　사과하러 온 아이가 화장을 하고 치마도 규정에 어긋나게
　　　입고, 또 머리는? 왜 그 모양이냐?" 라며 야단을 치더라고
　　　요. 그러니 저희가 열 안 받겠어요? 정말 학교 오고 싶지
　　　않아요.“

저희 치마와 화장이 어때서 그러세요?

교사: "이 자식들! 너희들의 지금
　　　모습이 뭐냐? 반성의 기미는
　　　하나도 보이지 않고……. 더
　　　꾸중 듣지 않은 게 다행이지"

　　　"아니 선생님은 왜 또 이러세
학생2: 요. 제 이야기는 들어보지도
　　　않았잖아요. 저희는 정말 억
　　　울해요."

　　　"야~, 이거 봐라. 이거 봐! 너
교사: 희들이 선생님이라면 화나지

않겠니?"

학생들: "……그래요. 선생님들은 왜 저희들만 문제가 있다고 하는지 모르겠어요. 손바닥도 마주쳐야 소리가 난다고들 하시잖아요."

교사: "지금, ○○○ 선생님에게 가서 당장 사과해라. 이런 문제는 시간을 끌면 끌수록 골이 깊어지는 거야. 어서 가서 사과하는 거다."

학생들: "……예, 그럴게요."

상황2 : 학생과 교사, 그리고 회복적 정의

학생1: "저희가 교무실에 들어가자 몇몇 선생님들이 또 너희냐? 사과하러 온 아이가 화장을 하고 치마도 규정에 어긋나게 입고, 머리는 또 왜 그 모양이냐?" 등의 이야기를 하시며 야단을 치더라고요. 그러니 저희가 열 안 받겠어요? 정말 학교 오고 싶지 않아요. "

교사: "……. 담임선생님을 만나러 교무실에 갔는데, 주위에 계신 선생님들이 다 한마디씩 하며, 너희들에게 뭐라 했기 때문에 화가 났다는 이야기니?"

학생2: "그렇다니까요. 선생님이라면 화나지 않겠어요? 그래서 저도 모르게 욕이 나왔어요. 전 사실 선생님께 욕한 게 아니거든요. 요즘 저희들 말버릇이 그래요. 그랬더니 그 선생님께서 오해를 하고, 소리를 지르며, 욕도 하시잖아요"

교사: "그래, 화가 나서 너도 모르게 욕을 했는데, 그걸 오해한

선생님이 너에게 욕을 하고 소리를 질러서 너도 화가 나서 선생님하고 싸웠다는 말이구나."

학생들: "네, 선생님들은 왜 저희들만 문제가 있다고 하시는지 모르겠어요. 손바닥도 마주쳐야 소리가 난다고들 하시잖아요."

교사: "……나중에, ○○○ 선생님이랑 함께 만나서 대화를 해보면 어떨까? 너희와 ○○○ 선생님이 만나서 서로에 대한 오해를 풀고, 맺힌 것을 풀었으면 하는데, 어떻게 생각하니?"

학생들: "좋아요. 만나서 이야기하죠. 뭐."

교사: "……그럼 ○○○ 선생님이랑 시간 약속을 정해서, 오늘이 자리 자기성찰실에서 함께 만나도록 하자꾸나. 시간은 너희들과 ○○○ 선생님 일정을 보아서 잡아도 되겠지? 그럼 그 때 보자꾸나. 오늘 마음고생 많았다."

변화의 정의

'세상은 참으로 많이 변화했다.' '세상은 참으로 많이 변했다.'의 표현 중, 일반적으로 쓰는 표현은 '변했다.'이다. 변화(變化)에서 '변하다'는 변(變)자는 물리적 변화를 말하고, '고쳐지다' 화(化)자는 화학적 변화를 말한다. 물이 얼음과 물, 수증기인 고체, 액체, 기체로 바뀌는 건 물리적 변화다. 철이나 못에 녹이 끼는 것은 화학적 변화다. 모니터 케이스를 망치로 쳤더니 깨졌다는 것은 물리적 변화이고, 모니터 옆의 하얀 케이스가 누렇게 변질된 것은 화학적 변화다. 그래서 변화라는 말은 물리적, 화학적 변화 모두를 일컫는 말이다.

인간이 이 지구상에 출현하여 문명을 이루어 현재까지 살아오면서, 그 삶의 모습은 참으로 많이 변했다. 구석기 시대나 신석기 시대, 청동기와 철기 시대를 거쳐, 오늘에 이르기까지 참으로 많이 변했다. 그리고 지금의 사회는 변하는 속도가 날이 갈수록 빨라지고 있다.

내가 교편을 잡을 때인 1990년만 해도, 은행과 동사무소 가서 한참을 기다려 수수료를 내고 업무를 보았다. 그러나 지금은 인터넷으로 송금하고 수수료를 지급하고 필요한 업무를 다 볼 수 있다. 사람이 사는 환경은 많이 바뀌었어도 입고, 먹고, 자고, 싸는 생존을 위한 생물학적 활동은 크게 달라지지 않는 것은 바로 '변(變)한다'는 말의 뜻이다. 자연 속의 일반적인 변화는 물리적 변화인 변(變)을 말한다. 이제는 학교가 변해야 한다. 학교와 관련된 교사, 학생, 학부모, 그리고 학교와 관련된 모든 사람의 의식이 변해야 한다.

양적, 질적인 변화의 시기 청소년기

청소년기를 일컬어 '질풍노도의 시기' '제2의 탄생기' '이유없는 반항기' 등으로 표현한다. 청소년기는 신체적으로 급격한 변화를 이룬다. 이 시기의 청소년들은 호흡과 기본생활을 담당하는 변연계와, 사회생활을 하면서 확산되고 안정되며 발달하는 대뇌피질이 조화롭게 적응해야 할 시기다. 그러나 육체적 변화의 속도는 빠른데,

그 변화를 수용하는 정신적 변화의 속도는 느리다. 이 변화를 미처 수용하지 못한 아이들은 정서적으로 불안하다. 신경질적이고 자신의 감정조절을 제대로 하지 못한다.

이 때문에 청소년들은 기성세대가 당연시할 법과 질서에 대해서 '왜 그래야 해요?' '제가 교칙을 정하지 않았는데, 왜 따라야 해요?' '왜 어른들은 저희들 말을 듣지 않는 거죠?' 등의 질문을 던지며 자신들의 정체성을 찾으려고 갈등한다. 그 갈등을 극복하면, 청소년기를 잘 보내고 자신의 꿈과 진로를 찾아 사회 생활을 영위한다. 하지만 그 갈등을 자신이 해결하지 못하고, 대화해 줄 사람이나 안내자를 만나지 못하는 청소년은 방황한다.

이들에게 사회와의 갈등, 기성세대와의 갈등, 친구와의 갈등, 부모와의 갈등, 학교 제도와의 갈등, 질서와 도덕, 그리고 법과의 갈등이 일어나는 것은 당연하다. 그 갈등을 해결하기 위해 청소년들은 아파하고 방황한다. 그 방황하는 청소년이 지금 이야기하고 있다. 부탁하다 못해 아우성치며 소리치고 있다.

"제발 제 이야기를 들어주세요. 전 지금 몹시 힘들어요. 절 도와주세요."

모든 것은 변한다

하지만 변하는 것 가운데 변하지 않는 것도 있다. 이 세상의 모든 사물들이 변한다는 말은 변하지 않는 진리다. 따라서 이 세상의 모든 사물은 변한다는 말은 참이면서 동시에 거짓이기도 한 딜레마다. 이와 마찬가지로 예외 없는 규칙은 없다는 말도 참이면서 동시에 거짓이 되는 역설적인 표현이다.

학생과 교사는 학교에서 배우고 가르친다. 이 배움은 인류역사가 시작된 이래 지금까지 이어지고 있다. 어제의 나는 책상 위에 빗금을 그어놓고 응보적 정의를 배우고 실천했던 학생이었다. 오늘도 나는 응보적 정의를 갖고 교단에서 수업을 하며 학생들을 지도하고 있다. 하지만, 이제는 그 응보적 정의만으로 학생들을 지도할 수 없음을 깨닫는다. 그리하여 새로운 회복적 정의를 구현하기 위한 방법을 모색하고 있다. 이제는 학생들에게 회복적 정의를 가르치고 느끼고 체험시켜야 한다. 그러면 이 사회가 따뜻해지고, 나아가서는 세계가 조금 더 평화롭고 행복해지지 않을까?

SNS(Social Network Service)

임원영: 화해의 대화법, 배려의 대화법을 책에서 읽고 주변의 부모님께 강의를 한 적 있습니다. 제 강의를 들으셨던 분들은 그 자리에서 정말 긍정의 메시지를 받고 귀가하셨습니다. 그런데 막상 아이들과 다툼이 있을 때 제가 했던 이야기는 한마디도 기억나지 않더라고. 또 서로 생채기를 내는 대화를 하고야 말았다고 하시더군요. 대화도, 수학 문제 풀 듯, 영어 단어 외우듯, 연습하고 또 연습해야 한다고 생각합니다. 문제가 있을 때, 아 그런 일이 있었구나…라는 말이 자연스럽게 나오게 하려면 말입니다.

김진숙: 임원영 아! 제가 연습을 안 해서 잘 안 됐던 거군요. ^^;;; 역시 아는 것과 실천이 일치하는 것은 참 힘든 일이네요. 더욱 연습해야겠어요. ~~~

6. 소통과 배려의 대화법 2

머리로 가르치니 학생들이 이의를 제기한다.
몸으로 가르치니 학생들이 믿고 따른다.
아이들이 믿고 따를 수 있도록 어른들부터 모범을 보이고 실천하자.

응보적 정의에서 회복적 정의로

상황1 학생과 교사, 그리고 응보적 정의

교사1: "민신홍! 정말 예쁘구나. 그런데 치마가 왜 이러냐? 어! 너 화장도 했네…. 화장하는 시간이 아깝지 않니? 밥은 먹고 왔니?"

학생1: "선생님…, 저 예쁘지 않아요? 지각하지 않았잖아요? 솔직히 일찍 오면 선생님들에게 붙잡혀서 이렇게 야단 맞잖아요. 차라리… 지각할까요?"

교사2: "교혁아~. 교혁이는 점점 더 멋있어지는데, 네 바지는 왜 그 모양이냐? 터지겠다! 이놈아, 제대로 앉아지긴 하니?

내가 변하니 모든것이 변한다

야, 이교혁! 머리가 왜 이렇게 기냐? 그리고 박종진! 너 이
리와 봐! 손가락 줘봐! ……이 새끼! 너 또 담배 피우고 왔
구나."

학생2: "왜요? 제 머리는 규정대로에요. 다른 선생님들은 그냥 넘
어가는데, 선생님만 뭐라 그러시는 거예요. 선생님은 학
교 다닐 때, 저처럼 해 보지 않으셨어요? 하긴 모범생이셨
으니 이럴 사이도 없었겠네요."

학생3: "담배 안 피웠어요. 손가락에서 나는 냄새는 담배 냄새 아
니에요. 담배 피는 거 못 보셨잖아요."

교사1: "너희들 모두 이리 와라! 은진이는 저 쪽 현관 앞을 청소
하고, 창수하고 교혁이는 저쪽 쓰레기 버리는 곳을 정리
정돈하고 가라. 그리고 종진이는 학생부실로 와!"

학생들: "에이, 재수 없어. 이게 뭐냐? 차라리 낼부터는 지각하자.
학교 오면서부터 스트레스 받네. 게임방 들렸다가 수업
시작하면 오자."

상황2 학생과 교사, 그리고 회복적 정의

교사들 "애들아 안녕! 사랑합니다. …고맙습니다. …감사합니다.
…오늘도 어제보다 조금만 더 행복해지세요. …사랑합니
: 다. 반갑습니다."

학생들 "사랑합니다. …고맙습니다. …감사합니다. …네, 선생님
도요. …사랑합니다. 반갑습니다."

교사1: "신흥이 안녕!~ 오늘은 예쁘게 화장도 했구나? 신흥이의

다리는 참으로 날씬하구나. 그런데 치마폭이 너무 좁은 거 같은데, 음, 불편하지는 않니? 그래 지각하지 않아서 좋구나. 너의 미모를 지키려면 아침밥도 꼭 먹어야 한데. 사랑합니다. 자, 하이파이브!"

학생1: "선생님, 안녕하세요. 아, 네에. 사랑합니다! 네에, 하이파이브!"

교사2: "교혁아~. 교혁이는 점점 더 멋있어지는데? 사랑합니다. 자, 하이파이브! 우와, 박종진! 지각하지 않았네? 종진이는 머리가 조금만 더 짧으면 훨씬 잘 어울리겠다. 담배, 그런 건 습관 되기 전에 끊으세요. 사랑합니다~. 자, 하이파이브!"

학생2: : "아, 네에. 사랑합니다. 하이파이브!"

"선생님! 저랑 같이 담배 끊으시겠어요?^^ 선생님도 끊으면 저도 끊을 게요?^^ 사랑합니다. 네에, 하이파이브!"

배움에 늦음은 없다

패러다임의 변화는 교사부터!

사람은 생존을 위한 본능적인 행동 말고는 생각한 다음 행동한다. 그리고 행동들이 쌓이고 쌓이면 그 사람의 습관이 된다. 습관이 생활이 되고, 생활은 그 사람의 인생이 된다. 따라서 생각이 바뀌면 그 사람의 인생마저도 바뀐다. 결국 한 사람의 생각이 바뀌면, 그 사람과 그가 속한 사회와 문화마저도 바꾼다.

패러다임(paradigm)은 한 시대 사람들을 지배하고 있는 의식이나 사상을 말한다. 과거에는 '선생의 그림자도 밟지 않는다'가 교사에 대한 패러다임이었다. 당시의 교사는 학생에게 지식을 전달하고 생활태도를 교정해주는, 안내자고 지도자며 교정자였다. 그러나 지금은 교사도 끊임없이 배우고 익혀야 하는 교육전문가일 뿐이다. 아니 지식전달자로서는 학원의 강사보다도 못한 대접을 받을 때도 있다. 이제 교사는 하나의 안정된 직장인일 뿐이다. 교사에 대한 패러다임이 변했다. 그러나 아직도 많은 곳에서는 '선생의 그림자도 밟지 않는다'는 패러다임이 공존하기도 한다.

이제는 학생과 학교에 대한 패러다임을 바꿔야 한다

대가족 제도가 해체되고 이제는 핵가족 제도마저도 흔들리고 있다. 가족제도의 붕괴(?)로 아이들은 자신의 상황에 대해서 갈등하고, 대화할 상대를 잃어버렸다. 개별화된 친구들은 그저 인터넷으로, SNS 화면을 통해서 만날 뿐이다. 예전처럼 몸을 부딪치며 아옹다옹 싸우면서 미운 정마저 들었던 스킨십도 사라졌다. 친구들은 그저 PC방에서 함께 게임을 하거나, SNS를 통해서 같은 게임을 하는 게임 파트너일 뿐이다.

그런데 이들 학생들이 만나서 공감하고 소통하는 공간이 있다. 바로 학교다. 가기는 싫지만 어쩔 수 없이 가야만 하는 학교……. 학교에서 학생들은 친구들을 만나고 선배를 만나며, 선생님들을 만난다. 그리고 책을 만나고 수업을 하면서, 친구와 선생님과 이야기를 한다. 청소도 하고 지각한다고 야단도 맞는다. 친구와 싸우기도 하고 농구와 축구도 하는 곳이 학교다.

학생들은 학교에 온다. 그러나 학교에 등교하는 순간부터 아이들은 스트레스를 받는다. 정문지도를 통해서 아이들은 자신의 복장과 두발, 그리고 기타 등등의 자신의 생활을 간섭받는다. 그래서 아이들은 정문 옆에서 친구들에게 문자한다.

학교 정문지도부터 바꿔야 한다

"오늘 정문지도는 ○○○이야. 너 담배 피웠지? 너 올 때 양치질하고 와. 손도 비누칠하고 와야 해. 지금 손가락에서 담배 냄새 나는지 검사하고 있어. 교혁이는 옷 갈아입고 오라고 해. 바지 줄인 사람은 학생부 선생님들이 벌주고 있어. ……야, 나 이제 들어가야해. 안 그러면 학급 지각으로 지각 벌금 1,000원 내야해. 다른 반은 지각비 대신 청소시켜!"

"아, 열라. 난 오늘도 지각비 내야겠네. 정문지도 시간 끝나고 들어가자! 그런데 웃기지 않냐? 지각했다고 벌금 내는 거. 수업은 8시 50분에 시작하는데, 지각은 왜 8시 20분부터냐? 아~, 모르겠다. 이따 보자!"

그런데도 거의 모든 아이들이 학교에 온다. 비록 수업은 안 듣고 잠만 잘지라도 학교에는 온다. 선생님들에게 야단을 맞고 벌을 받아도 학교에는 온다. 아침을 못 먹더라도 지각하지 않게 학교에 온다. 그러나 학생들은 정문지도에서 담배 핀 것이 걸리지 않기 위해,

바지 줄이고 화장한 것을 지적당하지 않기 위해, 그리고 두발검사에서 야단맞고 스트레스 받지 않기 위해, 때로는 일부러 지각한다. 그 어떤 문제도, 학교에서 또 다른 스트레스를 받더라고 학교에는 오고 싶어 한다. 오늘은 어떨까라는 기대 반 호기심 반으로 학교에 등교한다. 그리고 정문지도에서 좌절하고 학교 교육을 포기할까라는 갈등을 하면서도, 결국 학교에 온다. 그리고 어제와 마찬가지로 수업시간에 야단을 맞고 벌을 받고 인격적 모독과 각종 폭력을 견디며 오늘도 학교 수업을 듣는다. 이해할 수 없어 질문을 하거나 다른 짓을 하면, 그 학생은 또 다시 폭력을 당하며 폭력을 배우고 폭력을 행사한다. 이것이 많은 학생들과 교사들이 겪고 있는 지금의 학교다.

평범한 다수의 학생들은 수업도 잘 듣고 숙제도 잘해온다. 튀는 학생들 때문에 수업을 못 들어도 다수의 학생들은 묵묵히 학교에 와서 배우고 공부하며 인간으로서 지켜야 할 생활태도를 배우고 익힌다. 만약, 이 모든 학생들에게 학교가 등교할 때부터 하교할 때까지, 즐겁고 행복한 배움이 일어나는 공간이라면 어떨까? 학교가 자신의 말을 들어주고 해결방법을 제시하고 이야기할 수 있는 곳이라면 어떨까? 이와 같은 학교는 과연 만들 수 있을까?

SNS(Social Network Service)
김진숙: 저도 그런 학교에 다니고 싶어요~~~ㅠㅠ

등교하고 싶은 학교, 출근하고 싶은 학교로 만들 수 있을까

이제는 교사가 학생의 이야기를 들어 줄 차례이다. 그리고 학생들의 눈을 마주치며 웃어주자. 늦게 오는 아이들을 야단치기보다는 그들을 조금만 더 기다리자. 앞서기보다는 뒤처져오는 아이들에게도 힘내라고 박수치며 말을 건네자. 톡톡 튀는 아이들의 장점을 칭찬해 주자. 묵묵히 공부하고 생활하는 모범생을 기대를 갖고 따뜻한 마음으로 바라보며 잘 대해주자. 그러면 학교는 학생들이 숨을 쉴 수 있는 공간, 배움이 일어나는 공간, 오고 싶어 하는 공간으로 변한다. 교사가 바뀌면 아이들도 바뀐다. 교사와 아이들의 생활을 바꾸면 학교의 문화가 바뀐다. 이제 응보적 정의가 아닌 회복적 정의로 학교는 변하기 시작해야 한다.

학교 정문이 바로 그 출발점이다. 그 시작은 비폭력대화와 교사 자신이 살아가는 패러다임의 변화다. 나를 주인공으로 하는 '나 전달법(I message)'과 경청하기부터 출발하는 거다. 시작이 반이라고, 그 시작이 잘되면 반은 이루어진 거다. 그리고 학생들의 반응을 기다리자. 내 이야기-교사의 이야기를 들려주자. 학생들의 이야기를 경청하자. 학생들은 말로만 자신의 이야기를 하는 게 아니다. 행동으로 하는 비언어적 표현을 인내심을 갖고 들어주자. 교사의 살아온 경험으로 판단하지 말자. 그저 그들을 있는 그대로 애정을 갖고 지켜보자.

지금 나는 교사다. 학생일 때의 내가 제일 바라고 원했던 선생님은 내 말을 들어주는 선생님이었다. 그냥 내 이야기를 들어주는 그

런 선생님이 내겐 최고의 선생님이었다. 다행히 나에겐 그런 선생님이 계셨다. 그런데 지금 나는? 학생들에게 어떤 선생일까?

나는 학생들의 이름을 불러주려고 일부러라도 이름을 외우고자 했다. 교무실로 오거나 복도와 교실에서 마주치는 학생의 눈을 보며 먼저 인사했다. 학생들의 구체적인 활동과 행동을 보며 칭찬하고 인정했다. 그리고 학생들에게 나의 일상 모두를 긍정적으로 보여주었다. 내가 먼저 청소하고 내가 먼저 휴지를 주었다. 그리고 그들에게 다가가 그들의 표현대로 장난치고 어울리려고 행동했다. 나는 괜찮은 선생일까?

SNS(Social Network Service)

김진숙: 끊임없이 자신을 돌아보며 고민하고 노력하는 샘은 괜찮은 샘이 확실합니다. !!!

이수석: 끊임없이 자극을 주는 친구와 동료가 필요합니다. 선생님이 빨리 쾌차하셔서 함께 하고 싶습니다.

7. 너 전달법과 나 전달법

"서로의 사랑이 식어버린 것이 아니라,
서로가 사용하는 사랑의 언어가 다르기 때문이다."

'선물'이란 그것을 손에 쥐고 '자, 이것 좀 봐. 그가 나를 생각하고 있어', '그녀가 나를 기억하고 있거든'이라고 말하는 것이다. 선물을 줄 때는 반드시 그 사람을 생각한다. 선물 자체는 그 생각을 상징한다. 중요한 것은 마음속에 있는 생각이 아니라 사랑의 표현으로 선물을 준비하고 주는 과정으로 드러난 생각이다.
-게리 채프먼

5가지 사랑의 언어

미국의 부부, 아동, 가정 관계 상담전문가인 게리 채프먼(Gary Chapman)은 그의 책 『5가지 사랑의 언어』에서, 사랑을 표현하고 느끼는 행동을 언어에 비유하여 5가지로 제시했다. 인정하는 말, 함께하는 시간, 선물, 봉사, 육체적인 접촉(skinship)이다.

우리는 사랑이 영원할 거라고 생각한다. 영원하지 않은 것은 사랑이 아니라고도 한다. 하지만 게리 채프먼 박사는 사랑이 영원할 수 없다고 말한다. 따라서 사랑은 상황과 환경, 그리고 사람에 따라서 다르다고 한다. 어떤 사람은 자신을 인정하는 말을 들었을 때

가장 사랑을 느끼고, 또 다른 누군가는 함께 시간을 보낼 때 가장 큰 사랑을 느낀다고 한다. 사람마다 느끼는 '제1의 사랑의 언어'는 그 사람의 자라온 환경, 개인의 특성 등에 따라 다르다고 한다.

따라서 '제1의 사랑의 언어'를 맞추어 나가면, 그 사랑은 지속적이고 나날이 새로워진다. 하지만 그 표현하는 언어는 서로 같아야 한다. 나는 사랑한다고 표현하였는데, 받아들이는 사람이 다르게 받아들였다면 그 표현은 의미가 없고 오해를 불러온다. 각 나라의 인사법이 다르고 사람마다 느끼고 표현하는 방식이 다른 것도 같은 이유이다.

너 전달법과 나 전달법(You/I message)

보통 공부를 하거나 세상을 배울 때는 '왜(Why)?'라는 질문을 권장하고 질문한 학생을 칭찬한다. 그런데 생활지도 측면에서는 부정적인 의미로 사용한다. '너는 왜 그 모양이니?' '지각은 왜 했어?' '청소를 안하고 도망가면 어떻게 되겠니?' '도대체 학교에 오는 이유가 뭐니?' '왜 사니?'처럼, 왜는 학생들과 상대방에게 상처를 준다. '너 전달법'(You message)은 상처를 주고 대화의 소통을 방해한다. 이에 비해 '나 전달법'(I message)은 자신의 감정과 생각, 그리고 바라고 있는 사실을 솔직하게 표현하는 의사소통의 방법이다. 이 때문에 '나 전달법'은 상대방으로부터 반감을 일으키지 않고, 상대방에게 변명을 요구하지도, 공격하지도 않는다.

보통 '나 전달법'은 사실과 감정, 그리고 바람을 있는 그대로 표현한다. 이것은 드러나기도 하고 행간에 숨기도 한다.

1. 사실 : 상대방의 행동을 객관적으로 묘사 (객관적인 사실만 말하기)

2. 감정 : 그 행동이 나에게 미치는 영향/내가 느끼게 되는 기분(나의 느낌을 묘사하는 표현 찾기)

3. 바람 : 그래서 상대가 해주길 바라는 점(지금 내가 원하는 것 찾기, 솔직하고 구체적으로 표현하기)을 그 구성요소로 한다.

학교현장에서의 나 전달법

'나는 ……. 라고 생각해!'라는 '나' 대화법

You / I message

너희들은 매일 떠들고 선생님의 수업도 듣지 않고 떠든다. 너희들 때문에 정말 학교를 그만두고 싶다. 정말 힘들다.

내 수업을 무시하고 떠들기만 하는 너희들을 보면, 학교를 그만 두고 싶은 심정이다(사실과 감정).

적어도 내가 설명하기 위해서 5분만 달라고 했으면, 그 5분 동안은 조용히 해 주었으면 좋겠다(바람).

You / I message

너는 왜 내 문자를 씹냐? 내가 니 문자 씹으면 기분 좋겠냐?

나는, 네가 내 문자를 씹는 걸 느끼고 기분이 나빴어(사실과 감정)

나는 네가 답장을 해 주면 좋겠어(바람).

You / I message

TV 좀 꺼줄래? 도대체 아무 생각도 할 수가 없구나!

TV 때문에 정신을 집중할 수가 없구나(사실과 감정).

꺼도 될까(바람)?

You / I message

너희들이 청소를 안 하고 도망갔다고? 그럼 이 교실은 누가 사용하니? 이번 주 내내 청소다

청소를 안 해서 지저분하구나(사실과 감정).

나는 너희들이 책임지고 청소했으면 좋겠다(바람).

You / I message

애들아, 그만 좀 해라. 조용히들 안 해!

쉿(사실과 감정)!

이제 선생님이 이야기해도 될까(바람).

You / I message

자꾸 거짓말 하지 말아라! 네가 엘리베이터 타고 왔잖아. 그리고 선생님이 말할 때는 말을 다 들은 다음 이야기하세요. 내가 얘기하는 중이잖아요!

나는 이 일에 대한 사실을 알면 좋겠어(사실과 감정).

그리고 내 말이 끝난 후에 말을 하면 좋겠어(바람).

You / I message

야! 조용히들 좀 해라. 그렇게 소리 지르지 마! 소리 지르지 않아도 네 말을 충분히 이해할 수 있어.

얘들아!~ 큰 소리를 지르면 대화가 진행될 수 없잖아(사실과 감정)

서로 차분하게 얘기해 보자(바람).

You / I message

내가 아무리 말해도 소용없구나. 너는 전혀 듣질 않잖아!

선생님의 말을 네가 좀 들어주었으면 좋겠구나(사실과 감정).

선생님의 말에 조금만 관심을 기울여 준다면 무척 기쁠 텐데(바람).

You / I message

넌 왜 항상 네 친구 앞에서 나를 무시하니? 앞으로 그러면 재미없어!

네 친구들과 같이 있는 자리에서 내게 대하는 태도나 말투가 날 무시한다고 느낄 때가 많았어(사실과 감정).

친구들 앞에서 내 입장을 좀 더 생각해 준다면 고마울거야(바람).

You / I message

선생님은 저를 믿지 않잖아요. 제가 아무것도 할 수 없다고 생각하잖아요!

선생님이 말씀하시는 걸 보면, 선생님은 제가 아무것도 할 수 없다고 생각하잖아요(사실과 감정).

선생님이 절 믿어 주시면 저도 그만큼 잘 할 수 있거든요(바람).

You / I message

오늘까지 해야 한다는 말 못 들었어? 이제 어떻게 하려고? 이러면 되니?

정말 오늘까지란 말은 듣지 못했어(사실).

확실히 얘기해 주었더라면 당황하지 않고 더 좋은 결과를 낼 수 있었을 텐데 유감이다(감정).

현재 상황에서 최선의 대안을 찾아보자(바람).

말하기보다도 듣기를 잘하자

언어를 배우는 일은 듣기부터이다. 귀가 뚫린 다음 입이 열린다. 잘 들어야 말도 잘 한다. 이제는 학교현장에서 교사들의 말보다는 학생들의 말을 많이 듣도록 하자. 그리고 학생들이 '제1의 사랑의 언어'를 스스로 발견하도록 관계를 개선하자.

그 관계의 개선을 교사들부터 시작하자. 사랑의 언어로 말을 하고, 나 메시지를 통해서 아이들이 존중받고 사랑받고 있다는 것을 체감하게 하자. 그리하여 학생들이 자신의 언어로 자신들의 사랑을 표현할 수 있도록 훈련시키자.

방황과 변화를 사랑한다는 것은 살아있다는 증거이다. -바그너

SNS(Social Network Service)

임원영: 청소년 인문학 토론대회에서 제가 선생님들께 권장한 실타래 소개라는 것이 있습니다. 실타래 소개의 큰 장점은 경청입니다. 상대방의 이야기를 듣고 제대로 듣지 못했을 때 미안한 마음을 가지고 다음엔 실수 하지 않고 상대방의 이야기를 잘 들을 수 있게 해 줍니다. 이 소개를 하면서 제대로 말하는 법을 알려주는 선생님이 되고 싶다는 생각을 많이 합니다. 타인의 이야기를 듣지 않고 자신의 이야기만 하는 어른들에게도 참 좋은 방법이란 생각을 했거든요.

(실타래 소개: 실뭉치를 집고 소개를 하면서 상대방에게 실을 던진다. 소개하는 사람들은 실타래 끝을 잡고 이어나간다. 마지막 사람이 소개를 끝내면 바로 전 사람의 소개를 기억해서 인사를 한다. 그래서 마지막 실타래가 처음 소개했던 사람에게 돌아간다.)

김진숙: You/I message … 생각할 것도 반성할 것도 많네요… 저도 제가 어떤 식으로 메시지를 전하는지 한번 돌아봐야겠어요.
그리고 '실타래 소개'는 꼭 한번 해보고 싶네요. 대화의 바탕은 '경청'이니까요. 좋은 것 알려주셔서 감사해요~~ ^^
김형백: You Message에 익숙해 있는 우리는 I Message를 연습해서 명령이 아닌 부탁으로 자연스럽게 소통할 수 있는 기술을 습득해야 인간관계가 더욱 좋아질 것이라 생각해봅니다.

8. 학생들을 갈등하게 하라

"학교에서 많이 가르치는 것은 중요하다. 더욱 중요한 것은 학생으로 하여금 느끼게 하라. 올바르게 알 수 있도록 듣고 말하도록 하라. 그리고 아는 것을 정의롭게 행하게 하라"

다르게 생각하기를 권하고 소통하자. 소통의 출발과 끝은 내려놓기이다.

아래의 상황은 학교 현장에서 벌어지는 일들을 상황극으로 만들기 위해 학생들에게 제시한 밑글이다. 이 글을 갖고 학생들은 자신들의 끼를 발휘해서 역할극을 만들라고 하였다. 그리고 소감을 나누었다.

상황 1 학생과 교사

학생들을 갈등하게 하라

학생: 지각하는 사람에게는 벌금을 매겨요. 그리고 그 돈이 모아지면 학급회식 하고요.

교사: 왜 그래야 하는데? 벌금을 낸다고 지각하는 게 없어질까? 그건 누가 정한거야?

학생: 일반적으로 그러잖아요. 텔레비전 드라마나 기타 등등에서도 그러잖아요.

교사: 텔레비전이나 다른 사람들 대부분의 그런다고 그 행동을 따라 해야 할까?

학생: 헐, …….

상황 2 학생과 학생, 그리고 교사

학생1: 3반은 핸드폰을 안 걷던데, 우리 반은 왜 걸을까?

학생2: 맞아, 이건 불공평해.

학생3: 우리, 담임교사에게 항의하자.

교사: 원칙은 다 걷기로 했다. 3반 선생님이 처음이라 아직 몰라서 그런 거야.

학생들: ……. '예외 없는 규칙은 없다.' 라고 선생님께서 말씀하셨잖아요. 선생님께서 그 예외가 되시면 안돼요? 예외가 인정되는 사회가 발전한다면서요?

교사: …….

상황 3 교사와 교사

교사1: 정문 지도를 왜 하는 거죠? 아이들이 등교하면서 스트레스 받는 거 같아서요.

교사2: 정문 지도만이라도 해야지, 생활지도가 되잖아요?

교사1: 지도를 안 하면 되잖아요. 두발자율화와 용의복장 등은 학생들에게 맡기면 되잖아요. 왜 학생과 교사, 교사와 교사끼리 이 문제로 서로 스트레스 받고 마음의 상처를 받는 거죠?

교사2: 지도를 해도 이 정도인데, 자율화요? 전, 이 일을 안 하겠습니다. 선생님이 하세요.

상황 4 교사와 관리자

관리자: 원칙이 그러하니, 이 대로 하는 겁니다. 이의 있는 사람은 말씀하세요.

교사들: …….

교사1: 여기서 이의제기하면 찍히는 거 아닌가요?

교사2: 이야기하면 뭐해, 빨리 끝내고 가자!

교사3: 또 김 선생이야? …….

상황5 학교에서의 권력 관계

교사1: 수업 중에 죄송합니다. 선생님, 이재영이 좀 뺄 수 있을까요?

교사2: 수업시간 중인데요?

교사1: 학생 본인이 확인해야 할 일이 있어서요.

교사2: 그래도 수업시간은 지켜야 하는데…….

상황6 학생과 교사, 그리고 교장간의 권력 관계

학생1: 선생님! 소풍갈 때 우리들 교복입고 오는 거죠?

교사1: 꼭, 저런 애가 있어요. 선생님이 그럼 '예'라고 하지, '아니 사복입고 와도 돼'라고 대답하겠냐? 너희들 머리로 생각해라.

교사2: 그거 부장선생님과 이야기해야 하지 않아요? 복장 통일해
　　　야지요.

교장: 남북한 통일이 우선이지요. 담임과 그 반의 재량에 맡기
　　　겠어요. 아이들에게도 긴장과 이완, 다양성이 있음을 느
　　　끼게 해야지요.

사람은 자기가 보고 싶은 것만을 보고 듣고 싶은 것만을 듣는다

　나는 어머니가 만들어준 카레라이스의 맛을 잊지 못한다. 초등학
교 첫 소풍 때 엄마가 싸준 도시락 속 김밥의 맛을 잊지 못한다. 어
렸을 때, 엄마가 만들어준 꽁치 조림을 잊지 못한다. 흔히 말하는
엄마의 손맛, 바로 '고향의 맛' 때문이다. 고향의 맛은 살아오면서
처음으로 맛본 것이기 때문에 잊지 못한다.

　어떤 사람들은 어렸을 때 개에게 호되게 물리거나 혼이 나서, 어
른이 된 지금도 강아지만 봐도 쩔쩔 매는 경우가 있다. 그런가 하
면 어렸을 때 생선 가시가 목에 걸려 호되게 혼이 난 사람은 커서
도 생선을 잘 안 먹는 경향이 있다.

　동물들이 태어나서 극히 빠른 시기에 일어나는 특수한 형태로 각
인된 기억을 임프린팅(imprinting)이라 한다. 금방 부화된 병아리는
어미 닭만 따라다니며 그 곁에서 떨어질 줄을 모른다. 이 행동은
어미 닭에 대해서만 아니라 종류가 다른 새나 어미 닭의 모형에 대
해서도 똑같은 행동을 나타낸다. 조류는 알에서 부화돼서 처음으로
본 움직이는 대상을 어미로 인식한다고 한다. 부화한 오리가 진공

청소기를 따라 다닌다는 실험은 널리 알려져 있다.

조류보다도 더 진화한 인간은 살아오면서 쌓아온 경험들을 통해 세상을 인식하고 파악하며 해석한다. 그리고 행동한다. 이는 조류가 임프린팅(imprinting)한 것과 같은 효과를 지니며, 그 사람이 판단하고 행동하는 기준점이 된다. 그래서 '사람은 자기가 보고 싶은 것만을 보고 듣고 싶은 것만을 듣는다.'고 하는 것이다.

학생을 갈등하게 하라. 그리고 느끼게 하라!

사회현상을 해석하는 방법은 기능론과 갈등론의 두 가지 관점이 있다. 물론 이 둘은 개인과 사회 구조 중에서 사회 구조의 측면을 강조한다.

기능론은 사회도 사람과 마찬가지로 유기체로 본다. 이 때문에 사회를 이루는 각 부분-노동자와 관리자, 피지배 계급과 지배계급, 학생과 교사, 교사와 교장-이 각자의 위치에서 자신의 기능을 수행할 때 그 사회는 조화와 균형으로 발전한다고 설명하는 이론이다. 갈등론은 사회도 인간과 마찬가지로 희소가치를 둘러싸고 경쟁하고 싸우는 과정을 통해서, 지배집단과 피지배 집단이 변화와 갈등을 통해서 발전한다고 설명하는 이론이다.

기능론자들은 학교 교칙이 있어야 수많은 학생들이 학교생활에 잘 적응하고 학교의 질서와 안정을 이루는 데 도움이 된다고 말한다. 그러나 갈등론자들은 학교 교칙이야말로 학생들을 억압하는 가장 대표적인 수단이라고 주장한다. 교칙을 통해서 학생들은 자신이 하고 싶은 일을 억압받기도 한다. 하지만 교칙을 통해서 학생들은 안전한 학교생활을 영위할 수도 있다. 어느 관점이든 간에 학생들은 교칙을 통해서 사회화(社會化)[2]를 이룬다.

농경사회와 산업사회에서는 기능론의 입장으로 사회현상을 해석하기가 쉬웠고 설득력이 있었다. 하지만 탈산업사회와 지식기반의 정보화 사회에서는 기능론의 입장으로는 사회현상을 해석하기가 힘들어졌다. 그러나 아직까지 학교 현장과 공무원 사회, 아니 대부분의 관료조직은 기능론의 입장을 고수하면서 진행되어 왔다.

지금 우리가 살고 있는 사회는 변해야만 살 수 있는 사회다. 대한민국 교육의 목표는 다양성을 인정하면서 창의적인 인재를 기른다는 것이다. 그런데도 학교에서는 순종과 복종이 곧 교육이라는 믿음으로 학생들을 지도해 왔다. 그리고 튀는 아이에게는 매를 들었고, 정(釘)을 때렸다. 심지어 튀는 교사들도 매 맞고 정 맞았다. 다르게 생각하고 다르게 행동하는 사람은 오히려 왕따를 시켰다. 그 흐름은 지금도 대한민국 교육현장 곳곳에 퍼져 있고, 그것을 지키기 위한 교육을 강요하는 게 지금의 한국 교육현장이다.

교육의 목표는 새로운 미래인간상을 제시하는 것이다. 더군다나 지금은 세대간의 차이가 너무나 현격하다. 기성세대가 신세대를, 신세대가 기성세대를 이해하기에는 변화의 시기가 너무 짧다. 변화의 폭이 너무나 크고 빠르다. 때문에 세대 간의 갈등, 교사와 학생의 갈등, 심지어 교사와 교사의 갈등도 크다. 이 갈등을 해결할 방

---

1. 인간의 상호 작용 과정 2. 인간이 사회의 한 성원으로 생활하기 위해 사회질서와 관습과 규칙 등을 따라하는 행동이나 과정 3. 개인적인 존재나 소유를 모두의 존재나 소유로 바꾸어 가는 것.

법과 방안은 무엇일까?

방법은 내려놓기이다. 다름을 인정해주는 관용과 소통의 낮은 자세의 마음이다. 학생과 교사 모두가 자신도 틀릴 수 있음을 인정하고 상대방의 입장을 긍정하고 받아들이는 내려놓기이다. 방안은 학생과 교사 모두가 상대방으로 하여금 말하게 하고, 그 말을 듣고 공부하는 것이다.

학생을 갈등하게 하라! 그리고 학생으로 하여금 말하게 하고 학생으로 하여금 연구하게 하고 학생으로 하여금 발표하게 하고, 학생으로 하여금 공부하고 협동하며 소통하게 하라. 이제 교실에서는 교사의 말보다는 학생들의 말이 더 많이 들려야 한다.

SNS(Social Network Service)

임원영 요즘 아이들은 생각하기 싫어해요. 그래서 주제를 주고 거기에 대해 문제 제기를 하거나 정리를 해서 글쓰기를 하라고 하면 멍 때리기 일쑤지요. 핸드폰을 사용할 때는 뇌가 움직이지 않는다 해서 그럴까요? 정답이 있는 이야기만 하려고 합니다. 다른 생각에 대해 자신 없어 합니다. 학생이 주체가 되는 세상 언제 올까요? 그래서 아이들은 제가 하는 질문을 두려워 합니다. "그럼 네 생각은 어때?" "너라면 어떻게 하고 싶은데?" 입을 모으고 뭔가 생각하려는 모습이 예뻐서 일부러 폭풍 질문을 하기도 하는데 그런 제 마음을 아이들은 알까요?

김진숙: 매 맞고 정 맞은 사람 여기 있어요. ~~~ ㅎㅎ

다른 아이들과 달라서, 다른 교사들과 달라서 늘 맞아야 했던 제가 혹시 아이들을 때리고 있지는 않았는지 돌아봐야겠네요. 관용과 소통! 명심하겠습니다. ~~~

김형백: 우리는 늘 갈등 속에서 살아가고 있습니다. 갈등이 없는 삶은 존재하지 않는다고 생각합니다. 따라서 갈등 해결은 무엇보다도 상대방이 한 말을 그대로 돌려주는 공감이라 생각합니다. 특히 아이들과 갈등이 일어날 때 '~구나'법칙을 사용하면 어떨까요. "내가 ~해서 ~했나보구나" "그래서 ~했겠구나"

9. 교사는?

섬 - 정현종
사람들 사이에 섬이 있다.
그 섬에 가고 싶다.

사람 수 만큼 많은 섬

어느 곳 어디서나 그 때와 장소에 맞게 그 자릴 흥겹게 하는 사람들이 있다. 힘들고 어려운 일일수록 가볍게 그리고 때로는 너무도 쉽게 문제가 해결될 때가 있다. 그 방법이 사람의 감정과 인정에 호소하는 일이다. 그래서 인간은 말보다 더 많은 말을 비언어적으로 표현한다. 손동작, 발동작, 몸동작, 웃음 등의 바디랭귀지(Body Language)로 소통하는 것이다. 언어적 표현과 비언어적 표현으로 사람과 사람 사이의 소통을 쉽게 하는 재주와 능력을 가진 사람들이 우리 주변에는 더러 있다.

현대는 분명히 이성이 지배하는 사회다. 옳고 그름, 착하고 악함, 아름답고 추함 등을 평가하기 위해 수치화하고 계량적으로 표현하면서 교육한다. 상금과 벌금의 금액, 미스코리아 대회 등의 순위, 상점과 벌점의 점수 등이 그것이다. 하지만 우리 삶의 대부분은 이성보다는 감성에 의존하여 영위한다. 의식주라고 순서를 정했지만, 사실은 식의주다. 일단 먹는 것이 해소된 다음에야 윤리와 도덕, 정의 등을 살필 수 있다. 식의주가 평범한, 그리고 인간 본연의 본성이다.

　농업혁명을 통해서 식의주가 해결된 다음, 인간 사회에선 계급구분이 가속화되었다. 그리하여 끊임없는 투쟁을 거쳐 먹고 사는 것이 해결되자 사람들은 기존의 질서를 유지 발전시키기 위해 의식주란 개념을 도입하였다. 그리고 그것을 사람들에게 교육시켰다. 이제 사람들은 식의주가 아닌 의식주란 것으로 삶의 단계를 변화시켰다. 그리고 인간의 관계를 구분하였다.

　그렇다면 왜 입는 것이 먹는 것보다 먼저가 되었을까? 이기적 본성을 갖고 있는 사람들이 모여 있는 사회에서, 최선의 삶의 방식을 유지하기 위해서였다. 사회생활을 할 수 밖에 없는 인간은 지위에 맞는 옷을 입음으로써, 그 옷과 지위에 해당하는 처신을 하였다.

　더 근원적인 것은 벌거숭이의 몸이 아닌, 알릴 것은 알리고 가릴 것은 가리는 옷이 있음으로 인해서 사회생활, 타인과의 교류가 가능해졌다. 이제 인간 삶의 순서는 식의주가 아닌 의식주가 되었다.

　이 의식주에 따라서 계급과 계층이 나뉘게 되면서, 지배자와 피지배자가 발생하였다. 풍족하고 여유로운 계층에서 하루 연명하기에 급급한 계층으로 인간의 삶은 나누어졌다. 이 때 지배자 남성위주의 문화에서 유흥을 돋우기 위한 여성의 어두운 계급이 발생하였다. 바로 기생문화다. 기생(妓生)은 잔치나 술자리에서 춤이나 노래, 또는 풍류로 흥을 돋우는 일을 직업으로 삼는 여자를 말한다. 이들은 일반적으로 생존을 위해서 몸을 파는 식의주가 보장받지 못하던 시절부터 출발하였다.

　그런데 나는 이 기생문화를 아주 해학적으로 삶의 활력소가 넘치는 만남의 장소로 희극화 시켜 본다. 나는 이 기생문화를 교육현장에서의 직장 상사와 직장 선후배간의 만남의 장소로 이해하기도 한다. 그래서 난 오늘도 아이들과 교단의 잡무(?)에서 스트레스를 받은 선생님들과 만남을 주선하는 기생(妓生) 남(男)교사로 때때로 행동한다.

SNS(Social Network Service)
임원영: 항상 선생님을 뵐 때마다 친화력에 놀라고는 합니다. 거리감없이 다 가가는 법. 비법이 뭐예요?
김진숙: 맞아요~~ 저도 궁금해요!!!^^

교사라는 것은

직장에서 회식할 때는 선배나 고참, 상급자가 회식비를 내 주었다. 참으로 좋았다. 이건 나중에 내가 선배가 되고 직급이 올라가면 당연히 내 후배와 밑의 부하 직원에게 상급자로서 또 다시 베풀어야 할 일이었다. 세상은 변하고 세월은 흐른다. 어제의 배우고 익히던 학생이 오늘은 가르치고 공감하는 선생이 되었고, 어제의 청년이 오늘은 부모가 되어 자식들을 기르고 있다. 분명히 가는 세월 잡지 못하고 오는 세월 막지 못한다. 그래서 세상은 돌고 도는 것이다.

나는 운 좋게도 대학교 4학년 2학기부터 직장생활을 했다. 생명보험회사의 보험 모집인 및 보험 설계사였지만, 면접을 보아 취직

교사는?

했고 보험모집인 시험을 보아 자격증을 취득하였다. 하지만 내 적
성에 맞지 않았다. 퇴직하였고, 당시에는 손에 꼽는 대형 의류회사
에 합격하였다. 꿈도 컸고 미래에 대한 설계도 거창했다. 그러던
중 대학교 은사이신 교수님께서 교사로 추천해 주셨다. 인천에서
고교 야구로 유명한 동산고등학교 철학/논리학 교사로 근무하게
되었다.

다니던 회사에 사표를 쓰고 학교로 왔을 때의 일이다. 신입 동료

교사를 환영해 준다고, 선배교사와 부장선생님이 신고식을 받아야한다고 하셨다. 오고가는 술잔 속에서 난 교사로서의 내 희망과 포부를 이야기했다. 그리고 선배 교사들은 내 이야기를 들으며 장단을 쳐 주었다.

"교사는 그 무엇보다도 수업이 제일 중요하오. 학생들에게 존경받는 교사, 학생들과 소통하는 교사가 되시오."

"수업이 제일이오. 학생들에게 실력으로 평가받으시오. 때로는 학생들이 이 선생님을 측정하고 시험할 때도 있소. 그때 선생님의 실력을 표출하시오. 선생이 실력이 없다면 학생들은 선생 알기를……. 그리고 정직하시오. 모르는 건 모른다 하고 아는 것은 쉽고도 재미있게 가르치시오."

"책 속의 죽어 있는 활자화된 지식을 교사의 입으로 살아있는 지식으로 설명하고 공감을 얻으시오. 설명을 많이 하기보다는 아이들로 하여금 질문하게 하고 설명할 수 있도록 노력하시오."

"물음표와 느낌표가 있는 생활을 아이들이 하시오. 그럼 이 선생님은 성공한 교사, 학생들과 교감하는 교사가 될 것이오. 그럼 이 선생님의 학교생활이 매일매일 새롭고도 기쁨에 넘칠 것이오."

"나는 좋은 교사, 훌륭한 교사라고는 할 수 없지만, 새롭게 시작하는 이 선생님은 부디 나보다 더 나은 교사가 되길 바라오. 그리고 부탁하고 싶은 게 있소. 교사는 절대 학생을 인질로 잡고 있는 인질범이 아니오. 교사와 학부모는 학생이란 '씨앗'이 자신의 본성대로 잘 자라도록 상담해주고 도와주는 자양분이고 도우미란 사실을 늘 염두에 두길 바라오. 학생들은 항상 교사와 부모에게 자신의 아픔을 이야기하고 있소. 교사는 학생의 그 아픔을 보듬어 주고, 해결해 주기 위해 부모와 협력해야 한다는 사실이오. 교사는 인질범이 아니오. 학부모에게도 배우고 익히는 교사가 되길 바라오."

SNS(Social Network Service)

임원영: 인질범이란 말에 머리가 띵 해지네요. 그럼 선생님은 행복한 범인이 되시길 바랍니다. 인질범이 범인 좋아할 수 있도록….

김진숙: 학생이라는 '씨앗'이 잘 자랄 수 있도록 영양가 있는 도우미가 되도록 노력해야겠어요. ~~ ^^

김형백: 학생이 씨앗이면, 학교는 정원이고, 교사는 정원사이겠네요~~ 아름다운 정원에서 훌륭한 교사로서 학생이라는 '씨앗'이 밝고 건강하게 싹이 돋아나도록 노력해야 되겠네요. ~~!

만남과 소통

시간이 지나면서 더 많은 술잔이 오고갔다. 난 술은 약하지만 술자리를 좋아한다. 술자리에서 듣고 느끼는 것이 많기 때문이다. 그리고 선친의 말씀을 언제나 기억한다. 술 속에 있는 양과 사자와 돼지와 원숭이는 먹지 마라. 무엇보다도 술 속의 개를 마셔서는 안 된다. 술 속에 있는 사람의 정과 의식과 살림만을 먹도록 해라.

선배 교사와 부장선생님의 말씀이 너무나도 좋았다. 한 동안은 가슴에 새기고 또 새겼다. 정말 행복하고 기분이 좋았다. 그러나 안타깝게도 서울의 집에는 어떻게 왔는지를 몰랐다. 지하철은 어떻게 탔는지, 그리고 버스는 어떻게 타고 집으로 왔는지, 도무지 기억이 나질 않았다.

회사에서나 그 어떤 단체에서 신입사원이나 신입회원 환영식을 하면, 관례상 선배나 직장 상사가 한 턱을 낸다. 서로 상견례를 하면서 밥과 술 한 잔으로 1차를 마쳤다. 인사치레의 술이 한 순배 돌았다. 그리고 2차는 맥주 집이었다. 꽤 많이 마셨고, 대학교 선배가 계산했다. 그리고 3차는 ……. 기억이 없다. 깨어보니 서울의 집이었다. 내가 혹시 술 속의 개를 마신 건 아닌지 걱정이 되었다. 그리고 지금 나는 술 냄새를 풍기며 학교 교무실에 앉아있다.

기라성 같은 선배, 작은 아버님과 아버님 같은 교감과 교장 선생님! 그리고 옆과 앞의 큰 형님과 누님 같은 선임 선생님들. 교무실 문을 열며 큰 소리로 '좋은 아침입니다.'를 외치며 밝게 웃으며 인사드렸다. 하지만 지난밤에 무슨 일이 있었는지 알지 못했다. 공연히 불안하고 두려웠다. 마침내 어제 초대하고 총무해 주셨던 K 선생님을 찾아가 물었다.

"저 어제 실수한 거 없나요?"

"실수? …… 술 마시면 다 그렇지요. 큰 실수는 없었어요."

"…… 어제 비용이 많이 나왔을 거 같던데요. ……제가 어떻게 하면 되는지요?"

"걱정하지 마세요 신입 교사가 오면 선임 교사들이 비용을 나누어 부담하지요. 그건 우리학교 전통이에요. 선생님도 나중에 후배 교사에게 베푸세요. 그리고 학생들에게 잘하세요. 어제 우리가 나누었던 이야기가 그거잖아요. 좋은 선생님, 멋진 선배 교사, 그리고 두려워 할 줄 알게 하는 후배교사가 되세요. 정말 어제 이야기 나누었던 거 전혀 기억이 안나요?"

"아니요. 음……. 문제는 3차부터 집까지 어떻게 왔는지를 몰라서요."

"걱정 마세요. 이 선생님은 3차에서 잠만 잤어요. 워낙 선배 선생님들이 이 선생님에게 술잔을 권하다 보니…. 그 점이라면 걱정 마세요. 그냥 잠만 잤고, 3차에서 나와 지하철 타고 집으로 갔어요. 어제 참으로 많은 이야기를 나누었고, 저도 기분 좋은 술자리였어요."

첫 만남의 그 자리 때문이었을까, 나는 그 이후로 신입교사가 새로 오면 그와 밥을 같이 먹고 술 한 잔 나누면서 그의 이야기를 듣기도 하고 나의 이야기를 한다. 대화 속에서 서로간의 차이점과 공통점을 찾는다. 더 좋고 바람직한 교사상을 찾는다. 심지어 교생이

와도 그와 같은 자리를 갖는다. 모쪼록 그의 출발이 나보다 낫고, 그의 결과가 언제나 진행형이며 반성하는 삶을 살기 바라면서.

SNS(Social Network Service)

임원영: 술이 나를 내려 놓기도 하고 포장된 마음을 풀기도 하지요. 저도 그래서 술자리가 좋습니다. 무엇보다 인향 나는 사람과의 술자리는 더욱 더요.
김진숙: 저도요. ~~ ^^

사람의 마음은 같다

그렇게 세월이 흘렀다. 나는 새로 오는 신입교사와 교사, 그리고 학교의 사환 아가씨와 수위 아저씨 등과 밥을 같이 먹었고 술도 한 잔 나누었다. 행정실 직원들과도 자주 어울렸다. 한 솥밥을 먹는 사람이란 동조의식이 나에겐 있었다.

하지만 흐르는 세월 속에서 사람들의 생활환경이 바뀌었다. 1990년도에는 교사들 중에 10%정도만 갖고 다녔던 자동차를, 이젠 거의 모든 선생님들이 자동차를 운전한다. 이젠 차가 사람의 생활을 지배한다. 사람과 사람사이에 섬만 있는 게 아니었다. 사람과 사람사이엔 자동차도 있다. 그 자동차에 가야 하는데, 사람들은 자동차에는 모이질 않는다.

노란 봉투에 월급명세서와 함께 나왔던 월급과 수당이 이젠 온라인으로 송금된다. 사람과 사람 사이에 인터넷이 있다. 그 인터넷에 가서 사람을 만나야 하는데, 사람을 볼 수 없다. 핸드폰에 '월급이 입금되었습니다.'란 메시지만 있지, 동료 교사가 '선생님을 만나고 싶습니다.'란 메시지는 없다. 마음의 여유가 없어졌다. 사람과 사람 사이에 섬만 있는 게 아니다. 사람과 사람 사이를 가로막는 게 너무 많다. 하지만 사람들은 그곳으로 오지 않는다. 자기만의 공간, 자기만의 섬을 고수한다.

아이들은 모두 자율학습으로 남아있고, 많은 선생님들은 그 학생들을 지도하기 위해 감독으로 남아있다. 감독하는 교사와 감독받는 학생만이 있을 뿐, 교사와 학생의 몸으로 이야기하는 바디 랭귀지와 비언어적인 소통은 없다. 학원 수강 가는 학생, 격일로 10시까지 하는 자율학습 감독. 교사와 학생은 서로의 생활에 지쳤다. 그들 밖에도 섬은 있는데, 그들은 섬으로 오지 않는다. 자신의 섬에만 남아있을 뿐이다.

교단에 선지 벌써 20년 넘게 흘렀고, 학교 현장은 참으로 많이 바뀌었다. 노란 월급봉투 받던 날, 교문 앞에서 마주치는 교사와 교사 간의 은밀(?)한 눈빛과 가슴 설레던 퇴근길의 모습이 사라졌다.

하교길, '잘 가라!'와 '안녕히 계세요!'라는 아쉽고도 행복한 헤어짐이 없다. 5시 퇴근하면서 어깨를 마주하며 걸었던 아이들이 '선생님! 오늘 술 약간만 드세요. 물론 선생님의 해장수업은 일품이지만요.'라며 키득키득 거리던 아이들의 농담도 사라졌다. '퇴근길! 삼겹살에 소주 한잔. 아, 그것마저 없다면.'이란 문자 메시지를 통해, 서로서로 어울려 선술집을 찾던 교사들의 모습도 뜸해졌다. 아니 거의 없다.

김진숙: 아~ 그때 그 시절이 참으로 그립습니다!!!

이수석: 정말 그땐, 느림의 미학이 있었습니다. 대부분의 사람이 출퇴근을 자동차로 합니다. 컴퓨터가 책상에 들어오면서 일의 양은 2~3배 이상으로 증가했어요. 종이의 사용량이 오히려 2~3배가 늘어났어요. 걷지 않은 운동부족을 채우기 위해 헬스클럽에서 러닝머신을 한 시간 이상 탑니다. 2~3정거장의 거리를 걸으며 거리를 구경하였으면 정신적 육체적으로 건강할 텐데 말입니다.^^

임원영: 그러게요. 헬스클럽을 일 때문에 못가서 또 다시 스트레스를 받지요. 아, 옛날이여! 다시 그때처럼 여유(?)와 배려가 있는 아날로그 시대가 올 수 있을까요?

김진숙: 건강이 제일 중요합니다. 그것도 정신적 건강! 그건 바로 여유로움입니다. 스트레스로부터의 해방이죠. 해방!

섬이 된 사람을 만나다

나와 몇몇 선생님들은 아직도 90년대 사고 방식으로 산다. 그래서 우리 정보과 선생님들에게 붙여졌던 별명이 '평양기생'이었다. 누구든 그 어떤 사람이든 ○○고등학교에 오면, 정보과 교사들인 우리들과 함께 밥을 먹고 술을 마시고, 사는 이야기를 나누었다.

물론 우리 정보과 선생님들이 예전의 기생처럼 몸을 팔지는 않는다. 다만 기생들처럼 술과 음악, 유머와 이야기가 탁월하다. 그래서 우리 정보과 교사들과 술을 마신 교사와 손님(?)들은 언제나 자신의 주량을 넘도록 술을 마신다. 정말 유쾌하고 재미있으며 의미 있는 술자리라고 누구나 칭찬한다.

우리가 이렇게 다른 선생님과 손님들에게 식사와 술을 대접하는 것은 각자가 갖고 있는 섬을 인정하고, 상대방의 섬에 다가가고자 노력하였기 때문이다. 그리고 섬에서 만나면 또 그 섬을 우리 모두의 섬으로 만들었다. 어느 날 함께 자리했던 용역직원은 핸드폰을 떨어뜨려 액정이 깨졌고, 시조를 지었던 시집을 잃어버리기도 했다. 그래도 우리 모두는 섬에 모여 한 식구가 되었다.

술자리에서 만난 정보과의 교사 4명은 매난국죽이었다. 우리와 자리한 손님(?)에게 4명의 매난국죽은 때와 장소, 사람에 따라서 월매가 되기도, 춘향이 또는 이 도령과 향단이가 되기도 하였다. 재미있게 키득키득거리며 새로 오신 선생님과 기간제 교사에게도 술잔을 권한다.

매난국죽의 우리에게, 진보와 보수의 구별은 큰 의미가 없었다. 이 땅에서 교사로 산다는 것, 학생들에게 먼저 태어나 살아가는 '선생'의 모범을 보이는 것이 중요했다. 그래서 정보과 선생님들은 기간제로 온 도서관 사서 선생님과 식사와 술을 함께 했고, 해마다 찾아오는 교생들을 식사도 대접하며, 술도 사 드렸다. 지금은 졸업한 제자가 같은 동료가 되어 술 한 잔을 함께 할 때도 있다. 우리는 서로를 스승과 제자가 아닌 이 세상을 함께 배우고 공부하는 도반이나 동료로 대접했다.

그것이 가능한 이유는 평양기생이란 애칭을 얻고 있는 정보과 교사들이 자신의 섬을 분명히 했기 때문이다. 자신의 섬을 잘 알기에, 상대방의 섬도 인정하고 또 다른 섬에서 화합할 수도 있었다. 어떤 일을 하는데 필요한 것은 일을 하는 사람과 그 일에 드는 비용이다.

평양기생으로 지출한 금액은 1/4로 나누어 지출의 부담을 줄인다. 거의 대부분의 경우가 이런 식으로 진행되기에, 평양기생들은 누구나 자신이 술 한 잔을 하고 싶을 때 '콜'을 하고, 먹고 싶은 음식을 주문한다.

매난국죽의 4명의 명의 정보과 평양기생들은 오늘도 외로운 사람, 의로운 사람, 방황하는 교사, 자유로운 영혼을 찾아 교문을 나선다. 그리고 선생님들을 유혹한다.

퇴근길 - 안도현

삼겹살에 소주 한 잔 없다면……

아, 이것마저 없다면

SNS(Social Network Service)

임원영: 섬을 인정하는 동반자가 되도록 노력해 보겠나이다. 아직은 적응중이라는...매난국죽 다음에 뭐 없나요?

김진숙: 저에게도 '매난국죽' 같은 벗이자 동료가 있었으면 좋겠어요.

10. 나도 배운다, 모르니까

이제 교사는 아이들에게 무엇을 가르쳤다는 자기 위안에서 벗어나야 한다…….
무지한 교사가 되자. 이제는 학생들로부터 배우자. 심지어 수행평가의 평가권과
학생들 문제는 학생들이 알아서 행하라는 학생자치를 보장해주자.
학생들은 더 이상 수업의 대상이 아니다. 오히려 수업의 주체여야 한다.
교사는 도우미고 안내자일 뿐이다.

　배움의 공동체 수업 교육철학은 참으로 좋다. 수업의 초점을 교사가 아니라 학생에게 두고, 학생 개개인이 아니라 협동학습에 둔다. 그리고 죽어있는 교과서의 지식 전달이 아니라 학생들이 서로 묻고 답하며 깨닫도록 한다. 그리하여 수업에서 소외되는 학생이 한 명도 없도록 하는 점이 참으로 탁월하다. 하지만 한 가지 방법으로 중학생들이 1년동안 지속적으로 집중해서 공부하기에는 너무 지루하다. 또 형식적 틀거리로 교사들과 학생들을 피곤하게 한다는 점을 지적당하기도 한다.

　학생들은 참으로 스펀지와 같은 존재이다. 자신이 관심 있고 배움의 욕구가 발산하면 시간 가는 줄 모르고 흡수하며 빨아들인다. 그리고 자신이 깨닫고 알게된 지식과 지혜를 기꺼이 나눈다. 하지만 호기심이 많기 때문에 산만하기도 하다. 여기저기에 관심을 보이며 잠시도 가만히 있지를 못한다. 때문에 '배움의 공동체'란 한 가지 수업 방식으로 모든 학생들에게 〈배움이 일어나는 수업〉을 일년 내내 이끌기에는 한계점이 있다. 그건 또 다른 욕심이고 횡포일 수 있다. 모든 교사와 모든 학생에게 배움의 공동체 수업만이

진리고 정답이라고 강조하고 강요하는 것은 또 다른 고문이다. 수업에 정답이 없다는 것은 지난 5,000년 이상의 인류역사의 다양한 교육방법이 연구되었고 모색되었다는 것이 반증한다.

학교 현장에서도 정답이 있을 수 없다. 수업에서는 더더욱 그렇다. 따라서 배움의 공동체 수업만이 수업의 알파며 오메가가 될 수는 없다. 배움의 공동체 수업은 정답이 아니다. 모범답안이며 최선의 답 가운데 하나일 뿐이다. 수업현장에서는 언제나 시대와 상황에 따른 적절한 모범답안이 있을 뿐이다. 정답(正答)이 아닌 정답(定答)이다. 정답(定答)은 모범답안이다. 그 모범답안을 찾기 위해 지금도 수많은 교사들이 배움의 공동체 수업을 연구하며 현장에 적용하고 있다. 배움의 공동체 수업도 지금 진화중이다.

SNS(Social Network Service)
김진숙: 늘 배움을 찾아 노력하는 샘이 존경스러울 뿐이에요. 절대 빈말 아님! ^^
임원영: 부처 눈에는 부처만 보이고 개 눈에는 개만 보인다는 말이 생각나네요.
이수석: 두 분 선생님은 모두 부처님입니다. ㅋㅋㅋ

배움, 학습, 그리고 새로운 모색

아주 우연히 KBS 교육에 관한 다큐멘터리를 보았다. 〈거꾸로 교실〉 - 21세기 교육에 대한 3부작이었다.

"전체 학습은 동영상 5~10분'만으로, 학생들이 개인별로 학습해 오기로 한다. 학교 수업에서는 활동 위주의 학습이면 된다."

"공부하는 게 재미있고, 학교 오는 게 기다려지도록 만들어야 한다. 교사들은 공부라는 게임을 만들어야 한다. 그 방법은 자발적인 교사들이 모여 자신의 노하우를 녹여서, 5~10분간의 동영상을 만든다."

"학교 현장 수업에서는 활동 위주의 수업으로 진행한다. 학생들은 반마다 모둠마다 학생마다 다양한 개별적 학습 활동이 일어난다. 하지만 지속적인 학습활동이 되기 위해서는 3~5명으로 이루어지는 모둠활동을 통해서다. 이는 심리학과 교육학의 실험 결과다."

"수업의 주도권을 바꿔야 할 때다. 이젠 교사가 학생들에게 배워야 하고, 학생들이 교사들을 가르칠 수 있도록 해야 한다. 학생들에게 공부하는 기회를 주자. 그들이 선생에게 가르쳐주고, 집단지성으로 만드는 창조의 기쁨을 느끼게 하자. 지식폭발의 시대, 아이들에게 무엇을 어떻게 가르칠 것인가? 아이들이 배우고 익히도록 하자."

"과거에는 배움의 원천이 교사에게만 있었다. 지금은 너무도 많은 곳에 다양한 콘텐츠로 널려있다. 문제는 그 콘텐츠를 학생들이 스스로 찾도록 도와주어야 한다."

"21세기를 살아온 아이들은 이제 무엇을 어떻게 배울 것인가를 고민하지 않는다. 그들은 스스로-집단적으로 배우고 익힌다. 서로가 서로를 가르친다. 그런데도 19세기 의식을 갖고 있는 대다수의 교사들은 21세기를 살고 있는 아이들을 자신이 경험한 방법만으로 가르치려고 한다. 그리고 배우려 들지 않는 아이들을 탓한다. 이로부터 교육의 좌절은 시작한다."

"아이들은 새로운 인류다. 태어나면서부터 살아온 지금까지 디지털 문화를 배우고 익힌 신인류다. 이들은 아는 게 별로 없지만 알려고 마음만 먹으면 그 무엇이든지 알 수 있고 할 수 있는 신인류

나는 아이들에게 오히려 배운다. 모르니까!

다."

"학습지는 너무나 많다. 중요한 건 교사의 노하우가 담긴 활동지다. 학생들이 스스로 묻고 답을 찾아 나설 수 있도록 해야 한다. 때로는 토의와 토론이 있고, 질문과 대답, 역할극, 모노드라마, 한 컷의 그림으로 표현하기, 모의 법정, 시장 놀이, 그림그리기, 주장하기와 이유달기, 색칠하기, 명상하기 등의 다양한 수업방식이 있다."

나는 아이들보다 모르는 게 많다

"나는 아이들처럼 엄지 족이 못된다." "새로 나온 핸드폰 기능, 스마트폰 기능을 아이들만큼 알지도 못하고 잘하지도 못한다." "새로운 기기를 사면, 아이들에게 내게 필요한 기능과 어플리케이션을 깔아달라고 부탁한다. 내가 하면, 하루 종일 걸리고 스트레스 받는다. 그러나 아이들은 아주 재밌고 쉽게 필요한 옵션을 선택해주고, 앱을 깔아준다." "내가 모른다고 솔직하게 이야기하면, 아이들은 어른을 가르친다, 선생을 가르친다는 기쁨에 너도 나도 달려 나와 나를 깨우치고 가르친다. 무지한 교사가 좋다. 무지한 교사를 가르치려는 아이들이 있어 좋다."

SNS(Social Network Service)
김진숙: 꽉 들어차서 더 이상 아무것도 들어설 수 없는 사람보다 구석구석 비어 있는 여백의 매력을 가진 사람이 되고픕니다. 그러기엔 아직 내공이 한참 부족하네요….

새로운 진화

내겐 아주, 못된 습관과 망상(?)이 있다. 못된 습관은 출장 가기를 무척이나 꺼린다. 망상은 내가 그 무슨 마법사라고 착각 속에 살고 있다는 것이다.

교사는 1시간을 3시간으로, 3시간 분량을 1시간으로 만들 수 있는 요술사고 마법사다. 그런데 언제부터인지 수업 결손 없애기 운동이 벌어졌다. 그래서 어디 출장을 가거나 기타 행사 등등으로 빠지면 결강에 대한 보강을 반드시(?) 해야 되었다. 물론 승진을 위해, 올인 하는 교사들과 기타 등등의 이유도 있었다. 교사의 역량을 믿고 지지하면서 좀 기다려주는 교사 풍토와 문화가 사라진 것이 아쉽다.

그러나 정말 배우고 익히는 계기가 있는 매력적인 출장과 배움이라면, 일부러 시간을 내서 참여하기도 한다. 배우고 익히는 데는 게으름 피지 않는 것이 일반 교사들의 정서이다. 학습(學習)은 배우고 익히는 거다. 하지만 지금의 교육현장에선 학(學)만 있고 습(習)이 사라졌다. 배우는 것은 이제 아이들 스스로도 할 수 있다. 교사는 학생들이 배울 수 있도록 방향제시를 해주면 된다. 그리고 몸에 체득할 수 있도록, 습할 수 있도록 학생들과 더불어 공부하면 된다.

이제 배움의 공동체 수업에서 조금 더 진화해야 한다. 아이들을 갈등하게 하고, 그들 스스로 학습하도록 수업디자인을 해야 한다. 배우고 익히는데 다시 미쳐야 한다. 하지만 배움의 공동체 수업만이 수업의 정답이라는 오기는 부리지 않을 것이다.

나는 교육전문가이지만, 모르는 게 많은 무지한 교사이다.

SNS(Social Network Service)

임원영: 모르는 게 많은 무지한 교사 한 명 추가요!!

김진숙: 여기도 추가요!!!

김형백: 저는 배움의 공동체 수업의 철학에 미친 교장이랍니다. 그래서 미친 덕분에 우리학교가 인천에서 공교육 혁신모델학교로 정착되어가고 있구요. 아울러 배움의 공동체 철학을 기반으로 하여 각자의 다양한 창의적인 수업을 만들어가는 것이 수업혁신이라 생각합니다.

11. 새늘 수업, 새늘 : 언제나 새롭게라는 순 우리말

학생들과 교사에게서 배움이 일어나는 수업을 진행해야한다.
학생은 서로 다름을 통해서 배우고, 교사 역시 학생들로부터 느끼고 배울 수 있다.
학생과 교사 모두에게 배움이 생기는 수업은 늘 흥미진진하고 행복하다.

이런 측면을 고려하여 작성한 수업의 기본 틀이다. 틀이기 때문에 언제나 나의 상태와 학생들의 상황, 그리고 수업 환경에 따라 바뀔 수 있다.

1. 5분 안에 수업을 완료한다.
가. 첫 번째 방법

"오늘은 교과서 246쪽에서 257쪽까지다. 13단원 경제활동의 이해 전체부분이다. 여러분이 찾고 익히고 공부해야 할 개념들이다. 교과서를 펴고 눈으로 제목과 그림을 함께 보도록 하자.

'경제활동, 희소성, 재화, 서비스, 소득, 자본, 생산, 분배, 소비, 생산 요소, 노동, 토지, 자본, 임금, 지대, 이자, 근로자, 노동자, 선택, 바다는 메워도 사

새늘 수업

람의 욕심은 못 메운다는 속담과 비슷한 속담, 무상재, 경제재, 시대에 따라 달라지는 희소성이란 말의 의미를 이해하기, 교환과 특화, 비용, 편익, 합리적 선택과 기회비용이란 말의 의미 이해하기, 신용 거래의 의미와 예, 사후 관리(A/S)의 의미와 필요성, 은퇴, 재무, 수입, 지출, 생애주기란 무엇인가? 지속가능한 경제생활이란? 고령화 사회란?

이와 같은 개념을 이해하고 실생활에 적용할 수 있으면 된다."

나. 두 번째 방법

"오늘은 교과서 246쪽에서 247쪽까지다. '13단원 경제활동의 이해' 부분이다. 교과서와 컴퓨터, 모둠별로 나누어 준 태블릿이나 스마트 폰으로 여러분이 찾고 익히고 공부해야 할 개념들이다. 교과서를 펴고 눈으로 제목과 그림을 함께 보도록 하자.

'경제활동, 희소성, 재화, 서비스, 소득, 자본, 생산, 분배, 소비, 생산 요소, 노동, 토지, 자본, 임금, 지대, 이자, 근로자, 노동자, 선택'

위 부분의 개념들 중에 3단어를 선택하여 하나의 문장으로 만들라. 그리고 그것을 다른 친구들에게 설명해 줄 수 있도록 준비하세요. 자, 지금부터 모둠별로 활동하길 바란다."

2. 학생들은 주어진 단어와 사례를 찾으며 웃고 논다. 10분~15분

- 오늘 수업을 진행할 모둠원 4명이 나온다.

- 컴퓨터를 켜고, 프로젝션을 내리고 화면을 연결시킨다.

이들 4명은 검색하는 역할과 발표한 학생에게 상점부여하는

역할 등으로 나눈다. 이들 역할은 시간마다 바꾼다.

3. 집단(모둠별) 창작한다. 10분

 - '경제활동, 희소성, 재화, 서비스, 소득, 자본, 생산, 분배, 소비, 생산 요소, 노동, 토지, 자본, 임금, 지대, 이자, 근로자, 노동자, 선택' 중에서 5개 이상의 단어가 들어간 하나의 이야기를 만든다.

4. 집단(모둠별) 발표한다. 10분~15분(모둠별 활동)

- 저희가 발표한 내용은 ~ ○○○입니다.

- 무엇을 이야기하는 건지 알아맞추어 보세요. 시작합니다.

5. 전체 이야기 나누기. 5분~10분

- 모둠당 1명 이상의 친구가 수업 소감을 이야기 한다.

  이 내용도 모둠원들이 돌아가면서 이야기하기로 약속한다.

- 발표를 어려워하는 친구를 위해서 '흑기사' 제도를 도입한다.

- 교사는 학생들이 잘못알거나 이해한 부분을 교정해 준다.

* 익힘 문제나 확인하기 문제는 단원평가 문제를 갖고 볼 수 있도록 한다.

 - 문제지를 나누어 준다.

 - 모둠별로 문제를 푸는 것도 허용한다.

 - 일정한 시간이 지나면, 한 학생을 정해 답을 불러준다.

  (이 역할을 하는 학생도 매 시간 바꾼다.)

임원영: 청소년 인문학 토론대회에서 저희 모둠은 〈시간을 파는 상점〉을 읽고 그걸 랩으로 써서 아이들 하나 하나 랩퍼가 되어 공연을 했어요. 나중에 작가 북콘서트 때 특별 공연도 했었답니다. 집중력 최고였는데...항상 다른 방식은 아이들에게 흥미를 줍니다. 수업 효과 100% !! 선생님도 도전 해 보세요.

김진숙: 좋은 수업에 대한 열망은 교사라면 누구나 갖고 있는 거겠지요... 많이 가르치고픈 욕망을 누르는 것이 필요하다는 생각이 듭니다!

김형백: 좋은 수업은 각본대로 열어가는 수업이 아니라 창의적으로 만들어 가는 수업이라 생각합니다. 따라서 수업을 할 때 많은 변수가 있기도 하겠죠. 하나의 정답이 아니라 여러 개의 해답이 나오는 수업, 단순한 문제지를 푸는 수업이 아니라 활동지를 가지고 친구의 도움을 받아 질문하며 해결해가는 수업이어야 하지 않을까요.

이수석: 교장선생님과 두 분 선생님의 말씀에 공감합니다. 조금 부족한 듯한 수업! 그렇지만 호기심과 성취욕망을 자극할 수 있는 수업! 서로가 서로의 힘과 지혜를 모으는 집단지성을 창출하는 수업! 아~, 어떻게 만들지요? 저는 정말 많이 부족합니다!

12. 하브루타(havruta) 교육을 접하고서

성적 vs 실력, 외적 동기 vs 내적 동기, 듣는 교육 vs 묻는 교육,
하나의 정답 vs 다양한 해답 아이들과 재미있게 놀고 싶다

2015년 인천 자유학기제 교사 아카데미 연수 중, 고현승 선생님의 〈질문하고 토론하는 하브루타 교육의 기적〉을 수강하였다. 그리고 그 수업 시간 중에 밴드에 적은 내용이다.

'선생님들은 학생들에게 너무 많은 것을 가르쳐주고 그들이 이해하기를 기다린다.'

'공부는 학생들이 하는 것인데, 교사들이 학습의 모든 것에 참여하려고 한다.'

'교사인 나는, 이번 시간에 아이들에게 무엇을 가르쳤다는 자기위안을 찾고자 한다.'

'몸으로 가르치니 따르지만 입으로 가르치니 반항하더라는 말처럼, 생활지도를 따로 한다는 것은 난센스다.'

'오늘 학교에서 무엇을 배웠니?'와 '오늘 학교에서 무엇을 질문했니?'

'지금은 조용히 하고 공부만해라!'와 '또 다른 해석과 설명을 할 사람은 없나요?'

그도 가르칠 것이 없는 교단에서 넘어지고 자빠지고 좌절하고 실패했었다.

그는 "수업 시간에 소외되는 아이들이 생기지 않을 수는 없을까?" "공부의 다른 이름이 경쟁이 아닌 호기심과 배움이 될 수는 없을까?" "아이들이 호기심과 흥미를 가질 수 있는 수업디자인을 어떻게 만들 수 있을까?"를 모색하다가 하브루타 교육을 접하게 되었다고 한다.

묻고 대답하기의 하브루타(havruta) 수업

하브루타(havruta)는 히브리어로 '친구'라는 뜻이다. 여기서 친구란, 묻고 배우고 가르치는 관계를 말한다. 친구에게 배우고 친구에게 가르친다. 하브루타 교육에선 자신과 관계를 맺고 있는 모든 대상들이 친구이다. 그 대상은 사물이기도 하고, 자기 옆의 친구가 되기도 하고 선생님이나 선후배, 부모 모두가 될 수 있다.

하브루타의 교육을 정의하면, '짝을 지어 질문하고,[3] 대화하며 토론하고 논쟁하는 공부'다. 짝을 강조하는 이유는 짝이랑 둘이 대화할 때, 듣고 말하는 횟수가 많고 집중을 가장 잘하기 때문이다. 이 때문에 한번 말하고 한 번 듣고 하는 경청가 말하기 훈련이 자연스럽게 이루어진다.

하브루타의 기본 원리는 간단하다. 탁구 게임식으로 한 사람이 말하고 다른 사람이 경청하고, 이런 질문과 대답의 과정을 통해 학습의 양과 질을 높여 나간다. '학생에게 지시나 요구, 설명보다 질문을 많이 한다.' '학생이 틀린 답을 말해도 정답을 알려주지 말고 다시 질문으로 답한다.' '학생이 생각하고 판단하고 결정하고 행동하게 한다.' '질문하고 대화할 때는 학생에게 집중해서 그 눈을 보고, 그 어떤 대답도 막지 않고 수용한다.' '학생의 대답에서 구체적인 근거를 들어 칭찬한다.' '학생이 모르는 것은 책을 다시 보거나 인터넷을 검색하는 등 스스로 찾아보게 한다.' '조금 어려운 내용도 쉬운 용어로 질문하여 학생에게 생각하게 한다.' '모든 일상 속에서 하브루타를 하되 시간을 정해서 정기적으로 한다.' '꼭 가르쳐야 하는 원칙이나 가치관은 서로의 약속과 규칙을 정해 지키도록 한다.' 등이다.

미국 행동과학연구소에서는 어떤 교육방법이 가장 효과적이고 기억에 남는가를 〈학습 피라미드〉로 나타냈다.]

이 피라미드를 보면 강의 전달 설명은 5%, 읽기는 10%, 시청각 교육은 20%, 시범이나 현장견학은 30%, 토론은 50%, 직접 해보는 것은 75%, 끝으로 다른 사람을 가르치는 것은 90%의 효율을 갖는다고 했다. 이 결과로 유추하면, 가르침이야말로 최고의 공부다. 이는 다시 '교사는 교사가 되고부터 교사가 된다.'는 말과도 통한다.

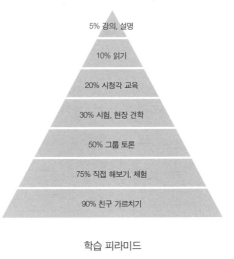

5% 강의, 설명
10% 읽기
20% 시청각 교육
30% 시험, 현장 견학
50% 그룹 토론
75% 직접 해보기, 체험
90% 친구 가르치기

학습 피라미드

질문 만드는 방법

'옛날에 가난뱅이였던 벼락부자가 있었다.'라는 한 문장을 갖고 질문을 만들어 보라고 하였다.

'어떻게 부자가 되었을까? 왜 가난했을까, 부자는 어떻게 되었지?

옛날이라면 언제적 이야기야? 태어날 때부터 가난뱅이였을까? 빌 게이츠보다 부자였을까? 이건희보다 부자였을까? 벼락부자의 기준은 무얼까? 물질적 부자일까 정신적 부자일까? 부자가 되어 조강지처와만 살았을까?

나와 선생님들은 질문하면서 생각하고, 생각하면서 공부하게 되었다. 그리고 짝꿍과 이야기를 나누고 들으면서 재밌게 공부하였다.

〈그 꽃〉 - 고은
내려갈 때 보았네
올라갈 때 보지 못한
그 꽃

나는 이 시를 소리 내어 두 번 읽었고, 눈을 감고도 한번 읽었다. 그리고 내 짝인 부평서여중의 양근숙 선생님께 물어보았다.

'왜 올라갈 때는 보지 못했을까?' '내려올 때는 왜 보였을까?' '내려올 때는 어떤 꽃들이 보였을까?' '올라갈 때는 어떤 꽃들이 있었을까?' '내려올 때 보인 그 꽃의 기분은 어땠을까?' '내려올 때도 보지 못한 꽃들의 기분은 어떨까?' '나무, 흙, 돌, 물, 풀들의 기분은 어떨까?'

양근숙 선생님은 대답을 했고, 다시 질문했다.

'평범함의 소중함을 알기 시작할 때는 언제였느냐?' '당신에게 그 꽃은 뭐니?' '꽃은 그 자리에 있었는데, 왜 올라갈 때는 못보고 내려올 때만 보였을까?' '결국 변한 것은 마음뿐이었는데, 지금 너의 마음은 어디에 있니?'

〈배움의 공동체 수업·거꾸로 교실·하브루타·토의 토론 수업·역할극 수업·프로젝트 수업·스토리텔링 수업·마인드맵을 활용한 협업 수업〉의 교육철학은 같다. 바로 참여와 협동의 수업이고, 배움이 일어나는 수업이고, 수업의 중심이 교사에서 학생으로 넘어간다.

너무나 많은 감동과 느낌이 있던 수업이었고 연수였다.

한 명도 소외됨이 없는, 배움이 일어나는 수업디자인을 해야 한다.

SNS(Social Network Service)

김진숙: 하브루타 교육 방법. 저도 배우고 싶어요~ 어디서 연수하는지 알려주세요. ~~

김형백: 이제는 교육과정에 승부를 걸 때입니다. 성적에서 성장으로, 겉치레에서 내실로, 획일에서 다양으로, 답습에서 혁신으로, 타율에서 자율로….

4

나는 매일 죽는다. 그리고 다시 태어난다

"먹고 살기에 바빠서 앞만 달려보고 온 우리가 힘들었나요, 스마트폰 없이는 살 수 없고 반려동물을 가족이라고 생각하는 요즘의 아이들이 힘들까요?"

많은 사회 심리학자들은 요즘의 아이들이 더 힘들다고 이야기한다. 그들은 초핵가족 시대에 살아서 위로받고 위로해 줄 상대가 없다. 부모는 맞벌이를 하기에 대화할 수 없고 학교에선 학교를 빛낸 몇몇 학생을 제외하곤 그들을 인정해 주지도 않는다. 그들은 외롭다. 대화할 상대가 없다. 그래서 밤늦도록 카톡으로 친구들과 이야기한다.

교육제도와 방법이 변했다. 정의에 대한 개념과 패러다임도 변했다. 가족이란 개념마저도 변했다. 심지어 인간이란 개념

왜 싸우려는 것일까?

마저도 변했다. 이젠 임플란트 치아와 인공신장을 하고 다니는 사람들도 많다. 기계가 인간인가, 인간이 기계인가? 기계인간이란 개념이 등장했다. 이 세상 모든 것들은 변한다.

인간은 관계 속에서만, 인간 사이에서만 의미가 있다. 모든 인간은 그 누군가의 의미가 되고 싶어 한다. 상대방에게 의미 있는 존재가 되었을 때 인간은 비로소 정체성을 찾게 되고 안정을 취한다. 그 누군가에게 인정받고 싶어 하는 존재가 인간이다. 변하지 않는 진리이다.

서로가 다름을 인정하고 그 존재가치를 인정해 주는 가정과 학교, 그리고 사회와 국가가 필요하다. 그러면 지금보다 조금 더 살기 좋고 잘 사는 세상이 될 것이다. 이 세상 모든 것들은 변한다. 또한 변하는 가운데 변하지 않는 영원한 그 무엇도 있다. 그것은 '인정받음'과 '인정하기'이다.

우리가 살면서 겪게 되는 수많은 상황과 그 이야기들은 결국 '변함'과 '성장'과 '소통'에 관한 이야기다. 그리고 핵심적인 내용은 상대방으로부터 '인정받음'과 상대방을 '인정하기'이다. 그 전제조건은 스스로를 '인정하기'이다. 스스로를 인정하는 '자존감'이 서게 되면, 인간은 그 무언가를 비로소 자신 있게 도전하고 성취할 수 있을 것이다.

그리하여 교사인 나는 학생들에게 감히 말한다.

"힘들지! 그렇구나! 괜찮아!"

"그래서 실수도 하는 거야! 그 때 아니면 언제 그러냐? 그러면서 어른이 되는 거야!"

SNS(Social Network Service)

김진숙: 저를 괴롭히고 있던 문제의 답을 찾아가는 힌트 중의 하나를 샘 글에서 찾았네요. 감사해요!

이수석: 고3의 아드님 때문이군요. 그때도 다 흘러가리라~.

김형백: "이 또한 지나가리라" 기쁜 순간이든 슬픈 순간이든 지나가기 마 련이죠. 현재를 즐기고 미래를 준비해요. ^^

1. 생이불유 (生而不有)

열심히 하는 것도 중요하다. 더 중요한 건 잘해야 한다는 것이다.
잘 하도록 하기 위해선 기다림의 미학을 실천하면 된다.

요즘은 내가 학생들에게 미안할 때가 많다. 도무지 학생들을 기다리지 못한다. 어른들 대부분은 '빨리 빨리' 병에 걸렸다. 기다리면서 뒤쳐져 오는 사람을 기다려 주지 않는다. 누가 먼저 앞으로 가는가를 경쟁한다. 모두 1등만을 추구한다.

조금 기다리기만 하면, 포기하지 않고 따라오는 학생들이 많다. 그런데 어른들은 빨리 오는 학생들, 모범생(?)만을 데리고 그들만의 리그를 펼친다. 어른들에게 2등은 의미가 없다. 기억하는 건, '우승자, 1등, 챔피언'이라고 말한다. 그러나 뒤쳐져오는 학생들 중에는 또 다른 일에 흥미를 갖고 재능을 발휘하는 엉뚱한 친구들도 많다. 그래서 학생들을 그 무엇이든지 될 수 있는 '씨앗'이라고도 이야기한다. 그

아이들과 놀면서 공부하고 싶다

런데 어른들은, 아니 내가 자주 잊어버린다.

고등학교 학생들은 그래도 해야 할 일과 하지 말아야 할 일을 구분할 줄 안다. 그들은 방향성을 제시하면 삼삼오오 짝지어서 자신들 일을 진행하였다. 하지만 중학생들은 아직은 어리다. 무엇을 하라고 하면, 우물쭈물 세월아 네월아 하면서 천하태평이다.

고등학생들과 20년 이상을 생활해 온 나는 중학생도 그러리라 오해했다. 무엇을 해야 할지 모르는 너희들은 당연히 느릿느릿 눈치 보면서 천천히 일을 진행하였다. 자신들이 과연 잘하고 있는지를 눈치 보면서. 이런 너희들 모습을 나는 참지 못하고 소리 지르고 신경질을 부렸다.

하지만 그건 나의 오해고 편견이다. 너희들은 아직도 한참을 배워야 하는 학생이고, 책임의식이 무엇이고, 관계와 관계에서 어떻게 할지 모르는 중학생이었디. 하지만 하기싫어도 해야만 하는 일이란 걸 깨닫고 이해한다면, 그 습득도 빠르다는 걸 알게 되었다. 또한 하고 싶어도 하지 말아야 할 일이란 걸 깨닫는다면, 그 일을 금방 받아들인다는 사실도 알았다.

이런 너희를 알게 되면서 난 너희를 사랑하게 되었다. 그것도 아주 지독하게. 하지만 나는 기다리는 게 습관이 되지 않았다. 그래서 더러는 참지 못하고 화를 내고 소리를 지르기도 했다. 때로는 욕을 할 때도 있었다. 그럴 때면, 오히려 너희들이 나를 이해해 주었다.

대한민국이 국민소득 2만 불을 넘어서 4만, 5만으로 가려면 창의적 인재를 길러야 한다고 한다. 우리나라가 국민소득 2만 불을 넘어선 이유는 열심히 일했기 때문이다. 남들이 잠자고 있는 동안에, 남들이 쉬고 있는 동안에도 열심히 일했기 때문이다.

열심히 일하는 것과 잘하는 것은 차이가 있다. 지금까지 우리나라 사람들은 열심히 일했다. 그래서 국민소득 2만불을 넘어 3만불 시대로 가고 있다. 하지만 지금부터는 열심히 일만 해서는 안 된다. 열심히 일하기도 하고, 잘하기도 해야 한다. 그것이 바로 창의적인 인간이 필요한 이유다.

이제는 우리 국민이 맨 앞에서 걸어가야 할 때다. 선두에 선 사람은 방향을 잘 잡아야 한다. 선두가 잘못된 길로 들어선다면, 뒤따르던 사람들 모두가 망한다. 길을 잘 찾아야 하고 부지런히 열심히 가야 한다. 하지만 남들이 하는 것처럼 똑같이 하면 선두로 나설 수 없다. 남들이 가지 않은 길을 가야 한다. 지금까지의 방식과는 다른 방식이 필요하다. 다른 삶의 모습이 필요하다. 무한경쟁의 시대에선, 열심히 하는 것도 중요하지만 '잘해야 한다.'는 게 더 중요하다. 콜럼버스가 위대한 건, 달걀을 깨뜨려 세웠다는 게 아니라, 처음으로 그 생각을 했고 실천했다는 것이다.

우물을 깊이 파려면 넓고도 깊게 파야 한다. 학생들이 넓고도 깊게 알 수 있도록 하는 수업을 진행해야 한다. 그 방법이 바로 자기주도형 학습과 공동체 수업방식의 프로젝트형 수업이다. 협력학습을 통해서 학생들은 서로 성장한다. 협력은 일반적으로 전체의 합보다 크다. 모르는 학생은 옆의 친구로부터 배우고, 잘하는 학생은 그 모르는 친구를 알려주면서 새로운 깨달음을 얻는다. 결국에는 나만 잘하는 게 아니라, 모두 열심히 잘한다.

SNS(Social Network Service)

김진숙: 진도에 쫓겨 기다릴 새가 없어요... 진정한 배움의 기쁨을 느껴볼 새도 없이 배움에 멱살 잡힌 아이들한테 늘 미안한 마음이에요….

김형백: 이제는 우리교육이 경쟁시대의 탈을 과감히 벗고 협력시대로의 장을 열어가야 하지 않을까요. 우리 모두 화이팅!!!

낳고 기르되 가지려 하지는 말자

노자 『도덕경』 10장에는 생이불유(生而不有)라는 말이 나온다. 낳았으되 가지려 하지 말라는 의미다. 낳고 길렀으면 나머지는 그 생명체에게 맡겨야 한다. 그런데 사람들은 내 자식이기 때문에 내 마음대로 한다는 오만을 부린다. 그래서 비극이 탄생한다. 자식은 자식의 인생이 있는 까닭이다.

이어서 노자는 '지도자가 되어도 지배하려 하지 말라'는 장이부재(長而不宰)를 말한다. 지배하고 소유하기 때문에 가정과 학교, 그리고 사회에서 인간의 비극이 탄생한다.

아이들에게 올곧은 길을 알려주었다면, 그리하여 아이들이 한마음을 내어 자신을 변화시키려고 한다면, 그 때는 기다려주자. 그런데도 이 땅의 많은 어른들과 선생님들과 사회와 국가는 아이들을 기다려주지 않는다. 그저 빨리빨리 만을 외친다.

기다림의 미학, 느림의 미학, 그리고 낮은 곳으로부터 출발하였던 그 첫마음을 어른들이나 선생님들, 그리고 정치가들은 기억해야 한다. 높은 곳을 오르려면 낮은 곳으로부터, 천한 곳으로부터 출발한다는 등고자비(登高自卑)의 지혜를 아이들에게 보여 주어야 한다. 아니 개구리 올챙이 적의 일을 기억하고 그 '어림'을 인정하면 좋겠다.

 SNS(Social Network Service)

김형백: 기다려 준다는 것이 쉬운 일은 아니지만, 정말 믿고 기다려 줄 때 스스로 문제를 해결해 나간다는 사실은 명백한 것 같아요. 다만 우리가 성질이 급하고 못 믿고 다그치니깐 문제지….

이수석: 아내가 콩나물을 집에서 기릅니다.^^ 꾸준히 물을 주고 천으로 빛을 차단한 거 말고는 달리 한 것이 없어요. 물을 주는 것도 그냥 흘려보내는 것뿐이에요. 그런데도 콩나물은 스쳐 지나가는 그 물을 빨아먹고 자라더군요. ^^ 끊임없이 믿어주고 기다려주는 거. 그러면 콩나물은 자라더군요. 떨어지는 물방울이 바위를 뚫는 이유도 알게 되었습니다.

2. 80%와 20%

법은, 법의 안정성을 지키기 위해 보수성을 띤다. 100%의 사회 구성원들 중에 80%는 법을 지키고 수호하는 모범생이다. 나머지 20%의 구성원이 새로운 사회를 모색한다. 진화생물학자들은 이것이 자연의 유지와 변화의 원리라고 말한다.

일개미를 관찰하다

생물학자가 일개미 100마리를 놓고 관찰했다. 80%만이 열심히 일하고 20%는 대강 어영부영하며 딴 짓을 했다. 세칭 말해서 무임 승차다. 다시 그 열심히 일하는 80%의 개미를 놓고 관찰했다. 역시 그 중에 80%인 64마리 정도만이 열심히 일하고 20%가량인 16마리는 이곳저곳을 방황하던가, 새로운 길을 모색하거나 등의 딴 짓을 했다.

함께 가야 멀리갈 수 있다

세상은 언제나 돌연변이, 지금과는 다른 방법을 찾는 사람들을 통해 발전하거나 멸망하기도 한다. 인류역사를 보더라도 사회를 유지시키고 발전시키는 것은 대부분의 평범한 사람들, 모범생이랄 수 있는 80%가 차지했다. 하지만 새로운 도전을 통해 더 잘사는 세상을 만들기 위한 몸짓은 20%의 사람들 가운데서 더 많이 나왔다. 물론 그 20%중에는 오히려 세상을 전쟁터나 멸망으로 몰아갔던 사람들도 있었지만 말이다.

사회의 유지와 발전을 위해, 지금의 삶처럼 굳건히 지켜주는 80%의 일반인들. 그리고 세상을 지금의 구조와 형태와는 조금 다르게 변화 발전시키려고 하는 20%의 이단아들. 물론 여기서의 이단아는 전통이나 권위에 반항하는 사람을 말한다. 그런데 이 이단아들은 언제 어느 사회에서나 있었다. 100년 전에도 있었고 1,000년 전에도 있었다. 심지어 2,200여 년 전에 만들었다고 추정되는 이집트 로제타의 돌에도 "요즘 학생들이 걱정이다."는 문구가 나오는 걸로 봐서는 그때도 젊은이들, 학생들이 문제였다.

SNS(Social Network Service)
김진숙: 세상을 바꿀 수 있는 20%가 되고 싶습니다!!!
김형백: 우리가 문제라고 생각한 아이들이 언젠가는 세상을 바꾸지 않을까요?

너희를 어떻게 믿고
학생들은 어느 시대 어떤 곳에서든지 문제였다. 아니 새로운 세대들은 언제나 문제였다. 자대배치를 받아 소대로 발령을 명받았을 때인 1985년도 5월의 군대에서도 이런 일이 내게 벌어졌다. 제대를 앞둔 고참병이 내게 말했다.

"널 믿고 내가 사회생활을 제대로 할 수 있겠냐? 정신 차리고 똑바로 해라! 이 고문관아!"

세월이 흘러 내가 제대할 때인 1987년 7월이 되었다. 나도 신입 병사에게 이야기했다.

"너를 믿고 내가 사회생활을 할 수 있겠냐?"

하지만 세상은 아무 일 없이 잘만 돌아가고, 과거보다는 지금의 삶이 조금은 더 윤택해졌다. 내게 과거는 추억이고 회상할 때만 아름답지, 다시 그 시절로 돌아가고 싶지는 않다. 과거일이기에 힘들었던 것이 '추억'이지, 사실 그 시절 그 때가 가장 힘들었다.

학생들이 어디로 튈지 모른다. 그들이 장차 어떻게 살아 무엇이 될지는 알 수 없다. 어른들은 자신들이 살아온 경험치를 갖고 그렇게 살면 안 된다는 것을 알려 준다. 하지만 나도 어린 시절 내 부모와 선배와 선생님들부터 똑같은 이야기를 들었다. 사람은 경험을 해야 할 것은 해야 하나 보다. 실패할 것은 실패해야 하나보다. 그런데도 어른들이 걱정한다. 제발 자신들과 똑 같은 실수를 저지르지 않기를 바라는 마음에서.

이 아이들을 도대체 어떻게 할 것인가?

이들에게 우리의 미래를 맡길 수 있겠는가?

지금 학교 현장은

지금 학교 현장은 아우성이다. 20%의 학생이 점점 더 많아지고 있다고 난리다. 도대체 이 사회가 어떻게 되려고 아이들이 이 모양이 되었는지 알 수 없다고 한다. 학교가 죽었다고 이야기한다. 아이들이 문제라고 이야기한다. 학교는 도대체 아이들에게 무엇을 가르쳤냐고 이야기한다. 교사들은 무엇을 하냐고 난리다.

교사인 나는 과거처럼 지금도 아이들과 함께 재미있게 놀고 있다. 과거처럼 지금도 학교 교단에서, 선행학습으로 알 것 다 아는 학생들에게 새롭고도 재밌는 방법으로 수업하려고 노력하고 있다. 지금도 옛날처럼 생활고에 허덕이는 한 두 명의 아이에게 정부의 복지 예산을 제대로 전달하기 위해 상담활동을 하고 있다. 학교생활에 적응하지 못하는 학생과 방과 후에 산을 오르며 그의 이야기를 듣고 있다. 거북시장을 거닐며 그들의 이야기를 듣는다. 아이들이 아프기 때문에 말썽을 부리며 신호를 보낸다는 사실을 아는 나는, 지금 교사로서 할 일이 너무나 많다.

하지만 지금도 나는 학업성적에 좌절하는 아이들과 이야기할 시간이 없다. 꼭 필요하지도 않은 업무처리에 바빠서 아이들과 눈 맞추며 상담할 시간적 여유가 없다. 아이들과 함께 청소하며 스킨십

하며 장난칠 시간이 없다. 무엇보다도 학생들이 나에게 찾아와 상담할 시간이 없다.

아이들은 방과 후 학습이다, 학원이다 과외다 등의 일로 너무나 바쁘다. 새로운 감동적인 이야기를 해 줄 에너지를 얻을 수 있는 교과연구의 시간이 없다. 그래서 교사인 나는 업무를 집으로까지 가져가서 일한다. 지금의 나는 어쩌면 스승도 교사도 선생도 아닌 거 같다. 교사로서의 나의 이런 모습이 싫다. 조금 부끄럽기도 하다. 나는 지금 선생, 교사, 스승이라는 자부심을 찾을 수 없다.

20%에 속해 조금은 불안하고, 조금은 게으르면서도 '왜요?' '왜 그래야 해요?'라고 묻는 가르치고 배우는 데만 전념할 수 있는 교사이고 싶다.

SNS(Social Network Service)

김진숙: 아이들의 얘기를 들어주고 손잡아줄 수 있는, 친구같은 교사가 되고 싶어서 사대로 진학했는데… 지금 과연 나는?

이수석: 제가 늙었나봅니다.^^ 이젠 아이들을 휘어잡을 힘이 없어요. 그래서 아이들의 이야기를 많이 듣게 되었어요. 그랬더니 아이들이 변하기 시작하더군요. 저를 찾아와 이야기를 하더라고요. 수석쌤! 사회쌤! 하면서요. 부드러움을 지키는 것을 일러 강하다고 한 노자의 수유왈강(守柔曰强)이란 말도 이해하게 되었어요.

3. 예외 없는 규칙

김 선생님! 선생님은 어찌하여 교육대학교를 진학하셨는지요?
임 선생님! 선생님은 어찌하여 국어교육학과를 진학하였는지요?
시쳇말로 점수 때문이었나요, 아니면 나름의 포부가 있었나요?

물론 그 둘 다의 이유 때문이겠지요. 자신의 능력과 그 능력에 맞는 선택이지요. 저도 마찬가지였습니다. 그런데 저는 조금 위험한 선택을 하였고, 그 때문에 겁도 나고 두려웠어요.

저는 제가 누구이며 무엇인지를 알고 싶어서 철학과로 진학했습니다. 제가 대학교 갈 때는 문과생 대부분이 법대나 경영대 쪽으로 진학하였지요.

네 의견을 존중한다. 하지만……

3대독자로서 할아버님과 함께 월남하신 아버님의 말씀과 뜻은 집안의 법이었어요. 예외가 없었죠. 그 아버님께서도 제가 법대나 경영학과 가길 원하셨죠. 그런데 제가 제 할아버님처럼 선비가 되겠다고, 철학과를 간다고 고집 부렸지요. 겁이 없었지요. 대단한 용기이기도 했어요.

8남매 중 6째인 저의 돌발적인 발언은 집안을 발칵 뒤집어 놓았지요. 형들과 누나들은 은연 중 압력을 가해왔어요. 그리고 아버님도 당신의 뜻을 거역하는 제가 몹시도 괘씸하셨나 봅니다. 한동안 안 드시던 술을 며칠 계속 드셨어요. 집안에는 살벌한 기운마저 감돌았죠. 저는 얼마나 쫄았겠어요? 마치 아무 일도 없었던 것처럼, 그러나 조마조마한 시간을 며칠이고 보냈지요. 그런데 그 완고하신 아버님께서, 당신의 뜻을 접으셨어요. 당신의 인생에서 자식의 뜻을 들어주는 예외를 인정해 주었어요.

"그래, 네 인생 네 것이고, 아무도 대신 살아주지 않는다. 너의 의견을 존중한다. 하지만 네 인생, 네 것이라고 주장했으니 그 말에 책임을 져라. 먹여주고 재워주겠다. 그리고 대학교 1학년 1학기 등록금과 입학금도 주겠다. 그러나 여기까지다. 나머지는 네가 벌어서 생활해라."

저는 제 꿈을 위해 철학을 선택했습니다. 그리고 그 선택을 존중해 주셨던 아버님의 선언(?)과 저의 자존심으로 인해 고등학교에 이어서 대학 생활도 시계불알 같은 생활을 하였습니다. 학교 갔다 오면, 기사식당에서 택시와 자가용 세차를 해야 했습니다. 대학교 1학년 여름 방학 때는 아는 형님의 포장마차에서 잔심부름을 하며 보냈습니다.

저는 참으로 운이 좋고 행복한 사람이에요. 머리가 굵어서 처음으로 제 인생을 제가 결정하겠다고 대들었을 때, 그 선택을 인정해 준 아버님이 계셨습니다. 그리고 중학교 3학년 때는 저의 돌발적이고 예외적인 행동을 인정해 준 정윤제 선생님이 계셨습니다.

국어를 잘하는 저를 칭찬하시며 정윤제 선생님은

"수석이가 책을 많이 읽었구나. 참으로 새로운 생각, 다른 생각을 갖고 있구나!"하시며 머리를 쓰다듬어 주셨습니다.

"선생님! 저는 강아지가 아닙니다. 머리 쓰다듬는 건 싫습니다."라고 이야기하는 저를 보며, 선생님은 화를 내지 않으셨습니다. 오히려 "수석이가 머리 만지는 것을 싫어하는구나"라며 저를 인정해 주셨습니다.

정윤제 선생님이 계셨기에 전 지금도 '싫은 건 싫다, 나는 다르게 생각한다'고 이야기하는 사람이 되었습니다.

군을 제대하고 대학교 학비를 벌기 위해 우유배달을 하였습니다. 우유배달은 개인사업이었고, 배달구역에 대한 보증금이 필요했습니다. 저는 우연히 정윤제 선생님께서 다시 모교인 천호중학교에 와 계시다는 소식을 듣고 찾아가, 자초지종을 말씀드리고 돈을 빌려달라고 했습니다. 선생님은 이 못난 제자를 위해 흔쾌히 돈을 마련해 주셨지요. 만약, 제게 돈을 빌려달라고 찾아오는 제자가 있으면, 저는 안 빌려주고 못 빌려주었을 겁니다.

우유배달을 하다 반신불구가 되었고, 3학년으로 복학하였어요. 독일 유학을 마치고 돌아오신 손동현 교수님께서는 독일유학파답게 원리원칙을 고수하는 분으로 유명하셨죠. 그런데 다리를 질질 끌며 수업시간에도 수업 듣는 걸 버거워하는 저를 보셨죠. 교수님은 책을 읽고 리포트 내는 것으로 저에게 학점을 주셨지요. 수업시간에 수업을 듣지 않는 학생은 평가마저도 않으신다는 당신의 원칙을 깨면서까지 인정학점을 주셨던 분이 손동현 교수님이셨죠.

제겐 제가 존경하고 믿고 따르며 생활할 수 있던 어른과 스승이 계셨습니다. 이제 제가 어른이 되었고 선생이 되었습니다. 제 아들과 딸, 그리고 저를 만났던 수많은 제자들이 저를 존경하는지 자문해 봅니다.

오늘 선생님들과 저는 예외 없는 규칙은 없다는 말을 나누고 싶습니다. 예외 없는 규칙은 없다는 말은 역설입니다. 항상 참이면서도 동시에 항상 거짓이라고도 할 수 있지요. 예외를 인정하지 않는다면, 역사의 발전은 없습니다. 규칙과 법, 약속은 지킬 때 의미가 있고 존속할 필요가 있습니다. 하지만 예외 없이 무조건 규칙만을 지켜야 한다면 인류의 발전은 없었을 겁니다. 때에 따라선 그 모든 규칙과 법, 약속도 봐줄 때가 있지요. 이 예외를 인정하는 사회가 오히려 건강하고 열린사회라는 생각합니다. 생명체의 자기보존과 개체보존도 돌연변이를 통해 이루어진다고 하더군요.

전 이 예외없는 규칙에서 예외를 보다 많이 인정해 주어야 한다고 봐요. 우리나라의 교육현장도 예외 없는 규칙을 많이 인정해 주어야 합니다. 예외 없는 규칙의 혜택(?)을 보았던 저이기에, 저는 학생들의 눈높이와 상황에 따라 적절하게 예외를 인정합니다. 예외 없는 규칙을 인정하자는 저의 말이 귀에 거슬리면, 그 예외를 다양성으로 바꾸어도 좋습니다.

하지만 예외 없는 규칙을 인정하자는 저의 말에 많은 선생님들이 우려를 표했어요. 학교 운영과 학급운영, 그리고 학생들 생활지도는 어떻게 할 것이냐고요. 규칙의 적용을 할 수 없는데, 어떻게 규칙을 따르라고 지시하고 명령하며 요청할 수 있냐고요.

선생님! 저는 학생을 믿습니다. 예외를 인정하자는 저의 말에 많은 학생들이 공감하기도 합니다. 너무 원리원칙을 적용한다고 이의제기하는 학생들도 많이 있습니다. 물론 아직도 "쟤는 되면서 왜 저는 안 돼요?"라며 다른 친구를 걸고 넘어지는 학생들이 더 많습니다. 그럴 때면 저는 이야기합니다.

"지구가 태양의 주위를 돈다는 말이 참이라고 받아들여진 것은 15세기 이후부터다. 우리나라에서 양반과 상놈이라는 신분제가 폐기된 것은 20세기 들어와서다. 자네가 예외 없는 규칙을 적용해야 한다고 이야기했는데, 역사상 얼마나 많은 예외가 현실이 되었느냐? 지금의 경우처럼, 핑계를 대지 말고 왜 예외를 인정해서는 안 되는지를 설명해 다오."

김 선생님! 임 선생님! 예외 없는 규칙은 없습니다. 하지만 예외를 인정하지 않는 사회는 멸망합니다. 예외, 즉 다양성을 인정하는 교육현실이 되었으면 좋겠습니다. 지금의 한국 사회와 교육처럼,

예외를 인정하지 않는다면, 대한민국이란 나라와 대한민국의 교육은 망하게 될 거라고 생각합니다.

그런데 이 예외를, 법(法) 위에 군림하려는 자들은 자기의 편의대로만 해석하더군요. 그래서 지금 다시 고민합니다. 과연 '예외 없는 규칙을 인정해야 하는가?'라고요.

그러면서 전 감히 싸가지 없게 학생들과 동료 선생님에게 묻습니다.

"너는 80%와 20%에서 어디에 설래?"

"선생님은 80%와 20%, 어느 지점에 서 계십니까?"

SNS(Social Network Service)
김진숙: '법'이든 '예외'든 그것을 해석하는 집단의 정의와 양심이 문제가 아닐지….

김선생님께

언제부터인가 이 사회에서의 침묵은 또 다른 동조와 긍정이라는 의미로 변했다고 생각해요. 반론할 시간을 안 주고 있지요. 일이 진행되었을 때 발생할 문제들에 대해 토론할 기회는 더 더욱 주지 않죠. 아니 많은 동료교사들은 그런 일들이 의미 없다고 생각하지요. 그냥 일상생활에서 타인의 이야기를 잘 듣고, 자신의 주장을 효과적으로 발표하면 사람과 사람, 교장과 교사, 교사와 교사, 교사와 학생 간의 소통은 서로 잘 되는데, 이런 일들을 하지 않으려고 하죠. 모난 돌이 정 맞는 게 아직 우리 사회의 분위기죠.

하지만 선생님처럼 모난 돌이 많아지면 더 좋겠다는 생각도 가져봅니다. 그래서 침묵이 동조나 동의가 아니라 또 다른 항의요 저항이라는 생각이 퍼졌으면 좋겠어요. 그런 반전드라마를 꿈꿉니다. 그리고 선생님과 같은 20%에 설 수 있도록 변해가는 제가 기특하기도 하답니다. 오늘도 어제보다 조금만 더 행복한 사회가 되었으면 좋겠습니다.

SNS(Social Network Service)
김진숙: 저도 늘 모난 돌인데….
김형백: 저는 늘 라인홀드 니버의 기도문을 생각하며 변화와 혁신에 도전합니다. " 하나님, 내가 바꿀 수 있는 것은 바꿀 수 있는 용기를 주시고, 내가 바꿀 수 없는 것은 수용할 수 있는 평온함을 주시되, 그 둘 사이를 구분할 수 있는 지혜를 주소서!"

4. 혁신학교, 그 작은 출발

선생님! 전 한동안 명예퇴직을 생각했어요. 아이들이 너무 변했거든요.
그 변화의 속도가 너무 빨라 제가 이해를 못했었죠.
하지만 이제는 제가 잘할 수 있는 일을 하면서, 남은 교직생활을 정리해야겠어요.

독서교육과 글쓰기 교육, 그리고 토의와 토론 교육에 중점을 두어 학생들과 놀아야겠어요. 지천명의 나이를 넘어서도 나이값(?) 못하고 아이들처럼 노는 게 저잖아요. 아이들의 이야기를 잘 듣고 반응하며 아이들처럼 행동했죠. 그래서 아이들이 저를 따르고 좋아하나 봐요. 우려 하는 선생님들도 많이 계셨죠.

수많은 사람들을 만나 이야기하고, 배우러 다니고, 문화생활도 하면서 언제 책을 읽고 글을 쓰느냐고 선생님이 물으셨던 적이 있죠? 선생님과 건배를 하면서 슬며시 웃으며 대답했죠. 제겐 아바타가 있는데, 그 아바타가 저 대신 공부하고 책을 쓴다고.

왜 그래야 하는 거지요?

선생님도 알다시피, 저는 사람들 만나기를 좋아해요. 그 만나는 사람들과 대화하면서 많은 지혜와 지식을 얻죠. 다음 날 아침에, 또는 잠시 생각에 잠길 때, 대화 나누었던 내용이 생각나면 메모를 하고, 그 메모한 내용을 알기 위해 책을 읽고 필요한 지식을 서핑하지요. 이게 제가 하는 공부방법이에요. 제가 썼던 책들의 많은 부분은 이렇게 만들어졌어요. 요즘에는 텔레비전 특강을 들으면서 운동도 해요. 친구들이 하나 둘 아프다고 병원에 입원하고, 또 어떤 친구는 다른 세상으로 떠나기도 했으니까요. 건강이 제일이라는 생각이 들었어요. 제가 건강해야 보다 많은 것을 저를 알고 저를 사랑하는 사람들과 아이들에게 줄 수 있기 때문이죠.

이제는 저만의 진짜 책을 써 볼 생각이에요. 1만 시간의 법칙을 실천해 보려고요. 매일매일 1,000자 되는 신문사설 베껴 쓰기를 연습할 거예요. 글쓰기의 노하우를 갖고 있는 기자들의 사설을 베껴 쓰다보면, 문장공부와 글쓰기, 시사상식과 이슈에 대해서 알 수 있으니까요. 그리고 이와 같은 글쓰기 훈련을 자발적으로 지원한 석남중학교 학생들과 함께 할 거예요. 10년 뒤에는 그 아이들 가운데 위대한 사상가나 시인과 소설가가 나올지도 모르죠. 물론 이것은 저 혼자만이 할 수는 없겠죠. 석남중학교에서 뜻을 같이 하는 많은 선생님들과 함께 할 거예요.

세월이 많이 변했어요. 과거에는 이난아로 생각되었던 사람들과 생각이 새롭게 조명을 받기 시작했어요. 새로운 생각과 시도를 하는 선생님들을 존중하는 분위기가 커 가고 있네요. 사회 곳곳에서도 발상의 전환, 의식의 전환, 생각의 전환을 독려하고 있네요. 이제는 선생님과 제가 잘하는 것을 펼쳐야 할 때인 거 같아요. 청함을 받을 때, 요청의 박수를 받을 때 무대에 올라야 하겠죠.

제가 다른 선생님들보다 조금 더 잘하는 것은, 엉뚱한(?) 생각하기이죠.

"왜 그래야 하죠? 다르게 할 수는 없는가요? 발상의 전환을 하면 오히려 쉽게 풀릴 문제 같은데요. 학생의 눈으로 바라보면 저 아이의 행동이 이해가 돼요. 선생님도 초중고 때 머리 염색을 해 보셨잖아요. 선생님은 했는데, 쟤들은 왜 안 되는 거죠? 한 학년의 소풍을 모두 한 곳으로 가야만 하나요? 반별이나 2~3개 반의 테마 여행 식의 소풍도 괜찮잖아요. 하던 대로 따라하면 중간은 간다고요? 그래서 이것저것 골치 아픈 일을 하지 말자고요? 직무유기 아닌가요? 콜럼버스가 위대한 건, 달걀을 뚫어 세운 게 아니잖아요? 그가 위대한 것은 처음으로 발상의 전환을 했고, 그것을 실천한 거라고 배웠습니다. 실패할까 두려워 아무 일도 하지 않는 것은 아이들에게 죄짓는 거 아닌가요? 성장기의 아이들에게 가만히 있으라고 하는 건 고문이잖아요. 어제와 같은 오늘을 살고, 내일도 오늘처럼 똑같이 살라고 가르치셨나요? 때로는 반항하고 저항하라, 다르게 생각해 보라고 말씀하셨잖아요. 모두가 '예'라며 고개를 끄떡이며 찬성할 때, '아니요'라며 손을 들 수 있는 아이가 되면 좋겠다고 말씀하셨잖아요. 모두가 '아니오'라며 반대할 때, '예'라고 찬성하며 친구들을 설득하고 소통하라고도 하셨잖아요. 그것이 교육이라고도 말씀하셨잖아요. 그런데 왜, 선생님은 선생님의 학창시절을 돌아보고,

당신의 기준으로만 아이들을 평가하시는지요? 왜 가만히 움직이지 말고, 중간만 가라고 하시는지요?

교육은 정답이 없는 거 같아요. 아니 인생 자체가 정답이 없지요. 하지만 모범답안은 있는 거 같아요. 물론 그 모범답안의 기준이 뭐라고 물으면, 자신이 정하는 답인 정답(定答)이라고 말할 거 같아요. 저의 생각과 행동, 말과 사상-교육철학을 보고 듣고 느끼는 학생들이 선택하겠죠. 어떻게 살 것인가? 이수석 선생님처럼 살아도 괜찮겠다. 아니면 저렇게 살아서는 안 되겠다고도 판단하겠죠.

저는 아이들에게 인사를 잘 하는 교사로 통해요. 고등학교 2학년 때, 존경하는 윤리선생님이 계셨어요. 선생님을 뵈면 정성을 다해 배꼽인사를 했지요. 인사를 하고 고개를 들며 눈이 마주쳤는데도, 미소 한 번 안 주시고 외면하셨던 게 몇 번 있었어요. 상처받은 저는 그 선생님 같은 어른은 되지 않겠다고 다짐을 했죠. 그 선생님의 가르침(?) 덕분에 저는 자상한 아빠, 아내의 수다를 잘 들어 주는 남편, 인사 잘하고 받아주는 선생님이 될 수 있었죠.

"교육의 질은 교사의 질을 넘지 못한다."는 말은 참이면서도 거짓이라고 생각해요. 아무리 뛰어난 재능과 능력을 가진 학생이라 할지라도, 그것을 찾아내어 발현시켜 줄 수 있는 교사를 만나지 못하면 무용지물의 능력이 되겠죠. 하지만 그런 능력을 알아보고 키워낼 능력은 없지만 수많은 학생에게 배움의 즐거움, 깨달음의 희열을 느낄 수 있도록 하는 영감을 불어 넣는 수업을 하는 교사는 스승의 능력을 뛰어넘는 학생들을 키워낼 수 있겠죠. 인류의 역사가 그래도 과거보다는 조금씩 나아지고 질적으로 고양되는 이유는 바로, 스승의 능력을 뛰어 넘는 학생들 때문이었죠. 저는 학생들이 저를 밟고 넘어가길 바라며 오늘도 교단에 선답니다. 그리고 학생들에게 어느 순간 쏟아질 영감과 자존감을 기대하며 수업을 시작합니다.

선생님!

이제 박수칠 때 무대에 오르자고요. 물론 예전부터 오르내렸던 교단이었지만, 내일은 오늘과는 다른 교단이 되겠지요. 왜냐하면 내일 뜨는 태양은 오늘의 태양과는 다르니까요. 늘 평안하시길 바랍니다.

SNS(Social Network Service)
김진숙: 늘 엉뚱하면서도 늘 의욕이 넘치는 수석 샘! ^^
김형백: 우리학교는 이미 3년 전부터 혁신교육을 시작하여 지금은 명실상부한 인천 혁신교육의 산실이 된 것은 수석 샘과 함께했던 것이 큰 힘이 된 것 같아 감사하고 기뻐요. 사랑합니다.^**^

5. 인천석남중의 혁신학교 이야기

변화는 물리적 변화와 화학적 변화를 합친 것이다. 개혁(改革)이란 '가죽을 바꾸는 것'이다. 혁신(革新)은 새로운 가죽을 입는 것이다. 가죽을 벗겨내야지만 새로운 가죽을 입을 수 있다. 혁신이란 말이 얼마나 힘들고도 어려운 일인가? 하지만 그건 정말 쉬운 일이기도 하다.

혁신학교는 민주적인 학교 운영 체제를 바탕으로 윤리적 생활공동체와 전문적 학습공동체 문화를 형성한다. 그리고 이것을 바탕으로 하여 창의적인 교육을 실현하는 '공교육 혁신의 모델'이라고 나는 이해한다. 학교 현장의 교사로서 성공적인 혁신학교로의 전환을 위해서는, ① 교장의 변혁적 리더십 ② 교사의 자발성 ③ 협력적인 학교 문화가 있어야한다고 본다. 하지만 이들 모두는 겉으로 드러나지 않으면서 객관적인 데이터로 확인할 수 없는 학교분위기가 최대의 관건이다. 이것은 학생 - 교사 - 학부모로 이어지고 나아가 학교와 지역사회가 지속적이고 다양한 모습으로 연계가 되어야 한다.

이제 혁신학교 운동은 사회 문화적인 변화 운동을 나타내고 있으며, 이는 지금 전국 여러 곳에서 이미 진행형이고 이제는 정착기를 넘어서 안정기-발전기로 들어섰다. 혁신학교의 최대 핵심은 교사들의 자발성과 학부모-학생 및 지역사회와의 연대라고 할 수 있다.

그렇다면, 혁신학교의 운영철학은 어떤 것일까?

혁신을 지속하기 위해서는 철학이 필요하다. 혁신학교는 수업의 혁신과 관계의 혁신이 있어야한다. 수업 혁신은 교사들의 연구와 노력으로 다양한 관점에서 진행할 수 있다. 그리고 이는 이미 수많은 개인 교사와 많은 단체에서 진행해 왔다. 관계의 혁신은 권위의 내려놓음에서 시작한다. 이것 역시 뜻있는 많은 교장과 관계한 관리자들로부터 있어 왔다. 중요한 것은 이들을 어떻게 교육시스템으로 이끌어 들이냐는 것이다. 결론적으로 무수히 많은 수업의 혁신과 관계의 혁신을 공유하고 이끌어 갈 운영철학을 어떻게 어떤 방향으로 만드냐는 것이다.

수많은 혁신교육에 대한 방법론과 수업방안은 마련되어 있다. 교사들 각자의 수업 노하우는 이미 다들 갖고 있다. 문제는 그 다양하고 많은 교육적 방법과 수업의 방법, 그리고 관계의 혁신을 위한 방법을 이끌 철학의 공유가 필요하다.

나는 그것을 배움의 공동체 수업에서 그 철학을 차용하고자 한다. 배움의 공동체 철학은 ① 학교는 공공의 책무를 맡고 있으며 교사는 이를 담당할 책임이 있다는 공공성(Public Philosophy). ② 한 명의 아이라도 소중히 다뤄줘야 한다는 민주주의(Democracy). ③ 학생들 개인이 최선의 자기를 추구할 수 있도록 하는, 그리하여 그것을 발현할 수 있도록 도와주고 권장해 주는 탁월성(Excellence).

①은 교사의 책임성과 전문성을 이야기하고, ②는 수업에서는 그 어떤 형태의 폭력도 없는 의사표현의 자유와 집행의 자유가 자유로운 토론과 협동을 통해서 이루어져야 한다는 것을 말한다. 그리

고 ③은 한가지의 정답만을 요구하지 않고, 여러 가지 모범답안을 인정하는 열린 수업이고 교육이어야 한다는 것이다.

이 3가지 운영철학은 수업의 혁신과 관계의 혁신에서 모두 지켜야 할 가치다. 관계는 교사와 관리자, 교사와 교사, 교사와 학생, 학생과 학생, 교사와 학부모 등, 모든 관계를 말한다. 심지어 인간과 대상의 관계까지에도 확대하고 적용해야 한다. 이 세상에 존재하는 모든 존재물과의 연대까지도 생각해야 한다.

하지만 지역과 사회, 그리고 학생들 개인마다 잘하는 것과 못하는 것이 있다. 그래서 언제나 추구하고 고민하는 것이 '인천형 혁신학교' '한 학생의 자질' 등을 파악하는 것이다. 그리하여 그 지역과 사회에 맞는 혁신학교가 모색되어야 하는 것이고, 그 학생에게 맞는 눈높이 공부가 필요한 것이다. 그것을 이루기 위한 최선의 것이 바로 '교사의 자발성'이다. 자발적으로 새로운 교육방법과 수업혁신을 위해 노력하는 교사들은 이미 곳곳에 존재한다. 아니 교육이 시작된 이래, 자발적인 교사들의 노력은 언제나 늘 있어 왔다. 문제는 교육시스템이 그것을 지지하고 지원하지 못했다는 것이다.

이제 혁신을 표방하는 각 시도 교육감과 관리자는 교사들이 행복하게 수업을 준비하고 실천하는 것을 믿고 기다려주며 지지해주면 된다. 예산이 없다면, 인천광역시 이청연 교육감은 혁신학교를 준비하고 있는 학교를 찾아가 허심탄회하게 교장에게 도움을 요청하면 된다. 혁신학교의 의지를 가진 교장도 교사들에게 솔직하게 말하면 된다.

"선생님의 도움이 필요합니다. 아이들을 살립시다. 공교육을 정상화합시다. 교육을 살립시다. 도와주세요."

이미 준비하고 공부한 선생님들은 곳곳에 존재한다. 그들은 지금도 언제나 그래왔듯이 항상 공부하고 연구한다. 그리고 그들은 아이들과 자신들이 진실로 살 수 있는 길이 무엇인지를 알고 있다. 이제 혁신학교 2년차를 맞고 있는 인천의 많은 교사들은, 자신들이 하고 싶은 일을 한다는 자존감으로 얼굴에 빛이 나고, 아이들을 대하는 삶에서도 신명이 난다. 신명은 전염이 된다. 그러면 인천의 혁신학교는 자연스럽게 이루어 질 것이다.

인천석남중의 혁신 학교 출발

혁신학교에 대한 논의는 이미 오래되었다. 이제는 실천이 필요할 때다. 다양한 철학과 무늬를 지닌 혁신학교가 전국에는 존재하고 이미 실천하고 있다. 하지만 하나의 모형만을 통해서, 그 모두를 일반화 시키는 것은 혁신학교를 망치는 가장 빠른 길이다. 왜냐하면 각 시도와 학교마다 상황이 다르기 때문이다. 학생들이 잘하는 것을 잘 할 수 있도록 하자면서, 또 다른 획일화된 교육을 하기 때문이다. 획일화된 일제식 교육을 탈피하자면서 또 다른 일제식 모델을 추구하는 것은 자체모순이다.

인천석남중학교는 이미 혁신학교의 많은 장점을 도입해 실행하고 있다.

① 교사 자치는 김형백 교장과 인천석남중 교사들의 노력으로 자발적으로 이루어지고 있다.

② 학생 자치는 2014학년도부터 진행하고 있다. 학생자치가 탄력을 받으려면 동아리활동이 활성화 되어야 한다. 그것은 인천석남중 교장과 많은 교사들의 팀워크로 이루어지고 있다.

그 작은 출발의 시작은 2013학년도 정문지도의 변화부터 시작하였다. 교사회의에서 김형백교장은 오히려 교사들에게 물었다.

"왜 정문지도가 되어야 하지요?"

"학생들이 기쁘고 즐거운 마음으로 등교할 수 있는 방법은 없을까요?"

그리하여 교사들의 자발성에서 출발한 것이 정문맞이 학생 생활 캠페인이었다.

"사랑합니다."

"휴지를 버리지 맙시다."

"오늘도 어제보다 조금만 더 행복하세요." 등등

한 학생은 플래카드를 들고, 또 다른 학생은 사탕을 나누어 주고, 한 동아리에서는 퍼포먼스를 등굣길에 펼친다. 또 다른 동아리에서는 음악과 춤을 추면서 학생들에게 사탕을 나누어 준다. 쓰레기를 버리지 말자면서 쓰레기가 될 수 있는 것을 나누어 주면서 흥겹게 맞이해주는 학교. 거의 매일 자발적으로 이루어지는 다양한 형태의 학생 등굣길 맞이 운동! 재밌지 않은가? 네 시작은 비록 작으나 그 끝은 창대하리라는 성경의 말씀은 '인천석남중학교'에서도 이루어질 것이다.

이제는 학생들이 지도와 교육의 대상자인 단계와 시대는 지났다. 이제는 학생들에게 교육의 주도권, 자치활동권을 줄 때다. 학생들이 자신의 문제를 스스로 고민하고 이야기하고 해결책을 찾을 수 있도록 지원해주자. 그리하여 그들의 결정을 경청하고 집행할 수 있도록 지지해주자. 이제는 학생을 교육의 동반자로서, 파트너로서 그들을 전적으로 믿어보자. 그리고 기다리고 지켜봐 주자.

교육도 다품종 소량생산이 되어야 한다. 화원의 꽃밭이 아름다운 건 다양한 빛깔과 향기를 가진 꽃들 때문이다. 장미가 아름답다고 장미꽃만을 심을 수는 없다. 아이들은 꽃이다. 그 꽃이 자신의 빛깔과 향기를 뽐을 수 있도록 지켜봐주고 기다리자. 강제하지 말자. 오히려 가르치려고 하지 말고, 이제는 그들로부터 배우자. 전체성보다는 다양성을 인정하자.

뱀발: ①교사들은 항상 무엇을 아이들에게 가르쳐야 한다는 직업병(?)이 있다. 이제는 그 직업병을 어깨에서 내려놓자. 진정으로 이

이들을 올곧게 믿고 기다리자. 학생들에게 방향성을 제시하고 그들에게 맡기자. 그들은 협동을 통해서 우리가 가르치는 것보다 훨씬 더 많은 것을 알고 찾아낸다. ②혁신학교의 전도사(?)들도 교사들에게 무엇을 심어주고 가르쳐야 한다는 직업병(?)이 있다. 이제는 교사들의 이야기를 듣자. 일방적으로 강의해서 그 무엇인가를 이루려고 하지 말자. 교사들의 가려운 곳을 긁어 주려면, 그들의 이야기를 듣는 게 먼저이다. 경청을 강조하면서 경청을 제대로 하지 못하는 게 우리들 교사고 어른이다.

SNS(Social Network Service)

김진숙: 저도 직업병이 상당히 심각해요. 그래도 노력한다면 불치병은 아니겠죠? ^^

꽃 같은 아이들을 보면서 빨리 제 병을 고쳐야겠어요!

김형백: 건전한 민주시민으로 성장은 학생 자치문화에서 시작된다고 생각해요. 우리 아이들 모두가 우리 학교의 주인공으로서 변화와 혁신에 동참하여 함께 성장해 나갈 때 우리학교가 인천 공교육 혁신모델 학교로 우뚝 자리매김 할 수 있거든요.

이미영(학부모): 2011년, 처음 만난 혁신학교는 물수제비를 던지는 기분이었죠. ^^ 점점 빨라지면서 파문이 큰!… 산넘어 산이었던 인천에서도 하나씩 거둬내고 쌓아서 변화의 물줄기를 만들어냈습니다. "대한민국 교육이 희망이 있느냐?"라는 질문에 "바로 현장에서 묵묵히 교사의 본질을 실천하는 선생님들이 계시기에 희망이 있다!"라고 답하고 싶습니다.

6. 행복한 상상 - 학생자치

한명이 꿈꾸면 꿈으로 끝나지만, 함께 꿈꾸면 현실이 된다.

나는 이런 상상을 한다. 그리고 마치 현실화된 것처럼 학생들을 대한다.

"교실에 들어오니, 친구가 디제이를 하고 있네요. 꿀꿀하던 기분이 샤악 가셨어요. 언젠가는 나도 저 디제이를 해 보고 싶어요. 나의 이야기를 친구들이 듣는다고 생각하니 기분이 좋아지네요."

아침 조례 풍경의 한 모습이다. 담임교사는 특별한 전달 사항을 칠판에 메모하거나 전달사항란에 기재한다. 학생들은 교실 전달사항란에 붙어있는 '2016학년도 석남중학교 연간계획표'를 본다. 그리고 매일 아침 이루어지는 '나도 일일 디제이'를 하면서 소통한다. 소통을 통해 아이들은, 자신들이 2016학년도를 같이 보내게 될 친구들을 알게 되고, 무엇을 어떻게 왜 해야하는지를 함께 이야기한다.

나는 상상한다. 학생 자치를!

학생자치활동의 생활교육이 이루어지고, 학생들이 자신의 일을 결정하는 훈련이 되는 학교는 어떨까? 담임과 학생이 머리를 맞대고 의견을 나누며 운영하는 학급운영은 어떨까? 학생들이 가야할 문화체험의 현장체험 학습과 엠티(Membership Training)를 조사 연구하고 학급회의와 학생학년대의원대회를 거쳐 진행하는 학생자치활동이 이루어지는 학교는 어떤 모습일까? 이 학생들의 결정과 집행을 지원하고 도와주는 교사와 학생간의 모습이 있는 학교는 어떤 모습일까?

1. 인천석남중학교 식당에 텔레비전을 4~5대 설치하는 건 어떨까?

그리하여, 점심시간 때마다 학생들에게 알리거나 홍보할 내용을 공지하거나, 동영상으로 만들어 자막처리하여 방송하는 건 어떨까?

가. 인터뷰하고 싶은 사람을 찾아가 인터뷰하는 건 어떨까?
나. 학생들의 꿈과 희망을 인터뷰하여 방송하는 건 어떨까?
다. 석남중의 식당, 화장실, 교실, 복도 등을 촬영하여 방송하는 건 어떨까?
라. 학생, 교사, 학부모, 지역사회 인사, 유명인 등을 인터뷰하여 방송하는 건 어떨까?
마. 생각하는 이야기, 감동이 있는 드라마 등을 캡쳐하여 자막으로 방송하는 건 어떨까?

2. 나도 DJ - 학급별로 운영하는 건 어떨까?

직업명	DJ
장소	각 반 교실
시간	08:50~09:00(학급 상황과 특성을 살려서 진행)
도움을 주는 것	정서적 안정, 학급원들 간의 소통
나의 성장	나의 끼와 능력, 음악과 춤, 예술적 감성 등
내용	자신만의 개성으로 프로그램을 짠다

3. 나도 DJ - 전체학년, 학생자치회 주관으로 운영하는 건 어떨까?

직업명	DJ 및 글 작가
장소	석남중학교 방송실
시간	점심시간(학급 상황과 특성을 살려서 진행)
도움을 주는 것	석남중학교 학생과 교사들과의 소통과 배려
나의 성장	자신과 전체 집단과의 소통 방법을 모색할 수 있다
내용	집단 속의 자신의 정체성을 찾을 수 있다

4. 학생들의 생활문화를 바꾸기 위해서는 어떻게 하면 좋을까?

가. 슬리퍼와 체육복 차림으로 등하교하는 학생들 생활지도를 어떻게 하면 좋을까?

나. 쓰레기를 함부로 버리고, 학교 공동재산인 화장실과 화장지를 마구 쓰고 낭비하는 것을 어떻게 하면 좋을까?

다. 급식질서를 지키지 않는 학생들을 어떻게 하면 좋을까?

라. 동아리 활동-춤, 창작예술부, 풍물부, 댄스부, 응원부, 도서부 등등의 자발적인 동아리 행사로 매주 새로운 행사가 하나씩 있도록 하려면 어떻게 하면 좋을까?

마. 매일 매일의 똑같은 날이 아니라, 매일 매일이 기적이 되고,

신기하고 즐거운 학교생활을 위한 아이디어는 어떤 게 있을까?

이런 행복한 고민을 풀고 만들기 위해, 교사자치와 학생자치가 이루어진 먼 미래의 모두가 행복한 학교를 상상해 본다.

가. 영양사님과 영양조리사님, 도우미 선생님, 청소도우미 선생님들에게도 감사의 인사를 하는 교복입은 시민들이 생활하는 학교

나. 학생자치회의 방송부 주도로, 선생님과 부모님, 그리고 지역사회의 어른들의 인터뷰가 방송으로 나오는 학교

다. 동아리 활동-춤, 창작예술부, 풍물부, 댄스부, 응원부, 도서부 등등의 자발적인 동아리행사가 학생자치회 주도로 이루어지고 행해지는 학교

라. 방송부나 재능있는 학생들이 모여 UCC를 만들어 식당이나 기타 등등에 동영상 틀어주기-플래시 몹 등등의 운동이 언제나 있는 학교

나는, 이런 그 모든 일들이 인천석남중학교에서 이루어지길 바란다. 그리고 그 출발은 이미 시작되었다고 생각한다. 나는 이 모든 것이 현실화된 학교에서 생활하고 있다는 확신을 가진다.

7. 너희들은 언젠간 어른이 된단다

오늘 아침은 정말 학교 가기가 싫었다. 날이 너무 좋았다. 이런 날은 그냥 몸 가는 대로 마음 가는대로 휘적휘적 걸으면서 공기와 햇볕과 바람과 그리고……, 말 붙이고 싶은 그 모든 대상들에게 말을 걸고 싶었다.

학교에 출근할 수밖에 없었다. 그리고 하기 싫은 수업도 진행해야만 한다. 딴짓하는 학생들에게 말했다.

"너희들도 학교 오기 싫을 때가 있지? 나에겐 오늘이 그런 날이야. 너희들이 더 자유로울까, 내가 더 자유로울까? 선생님은 결혼을 했고, 대학에 다니는 딸과 재수하면서 미술을 전공하는 아들이 있어. 그리고 아내는 맞벌이를 하지."

선생님도 수업하기 싫을 때가 있어요

"오늘 내가 학교 오기 싫어서 안 나왔다면, 아마도 여러분은 좋아하겠지. 하지만 몇몇 학생들은 내 수업을 못 들어서 실망할 거야. 내 수업은 정말 재밌거든. 하지만 내가 학교에 출근하지 않았다면, 나를 알고 있는 많은 선생님들은 나를 믿지 않을 거야. 무엇보다도 선생님의 딸과 아들은, 내가 자기들의 아빠인 것이 창피할거야. 너희들 말로, 쪽 팔렸겠지."

"시간 약속을 안 지키고 직장생활에 성실하지 못한 사람이라고 소문이 났을 테니까 말이야. 그리고 내 처는 내가 자신의 남편이란 사실을 알리고 싶지 않을 거야. 그래서 나는 정말 오기 싫은 학교를 올 수 밖에 없었어. 나는 내 한 몸만이 아닌, 너무나 많은 사람들과 관계되어 있거든."

"너희들도 학교 오기 싫을 때가 많지? 숙제를 안했거나, 자율학습을 도망쳤기 때문에, 또는 선생님이 하지 말라는 것을 했기 때문에. 중학생으로 하지 말아야 화장을 했기 때문에, 머리에 염색을 하거나 너무 길기 때문에, 또는 학교의 복장 규정을 지키지 않았기 때문에. 정말 많은 이유 때문에 학교에 오기 싫을 때가 있을 거야."

"그런데 말이야. 옛날에는 안 그랬는데, 이젠 너희들이 부러워. 그건 너희들이 나보다 훨씬 자유롭고 삶의 기회가 많기 때문이야. 난 학교에 올 수도 있고 오지 않을 수도 있어. 그리고 너희들도 학교에 올 수도 있고 오지 않을 수도 있지. 하지만 너희들과 나는 지금 학교에 나와 있어."

"너희들은 그저 담임선생님이나 부모에게 야단맞으면 그만이지. 하지만 난 살펴보고 책임져야 할 일이 너무 많아. 부모로서 교사로서 인생 선배로서……. 너희와 비교해서 난 참으로 많은 사람들과 관계를 맺고 있어. 그래서 책임지는 일도 많은 거야."

"어른이 된다는 것은 참으로 어려운 일이야. 그만큼 책임질 일이 많아지거든. 학생인 너희들이 난 부러워. 너희들은 실패하거나 못해도 다시 도전할 시간과 여유가 있잖아. 그리고 격려해주는 든든한 백(?)이 있잖아. 그런데 나는 지금 너희들에 비해 늙었어. 새로운 시작을 할 용기도 없고, 실패해도 일어서 다시 새로운 일을 도전할 시간도 없어. 그래서 너희들이 부러워."

"……더군다나 나에겐 이제 물어보아야 할, 야단쳐 줄 어른이 없어. 중고등학교 때 그렇게 야단을 많이 치시고, 사랑의 매를 드셨던 아버지는 돌아가셨고, 사랑으로 다독거려 주시던 어머님은 치매로 요양병원에 입원해 계셔. 이제 나는 무엇이든지 내가 결정해야 하고 내가 판단해. 책임은 오로지 내가 지지. 어른이 된다는 것은 참으로 슬프고 외롭고 힘든 일이기도 해. 실패하고 넘어서도 다시 일어설 수 있는 너희들이 부러워."

SNS(Social Network Service)

김진숙: 우리나라에서 지금 학생으로 산다는 것도 참으로 슬프고 외롭고 힘든 거 같아요. 어쩌면 학생들은 무엇인가를 이루었다고 생각되는 어른들이 부러울지도 몰라요. 예전에 제가 그랬거든요. 우리 교사는 학생들을 보며 힘을 내고, 학생들은 그런 교사를 보며 힘을 내고…. 그렇게 서로 손잡고 보듬으면서 힘든 길을 걸어 가자구요.~~

김형백: 우리학교 아이들의 맑고 밝은 미소를 보면서 나는 마음이 뿌듯해요. 왜냐면 학교생활을 즐겁고 행복하게 여기는 것 같아서요. 몇 년 전만해도 눈빛에 살기가 끼어 무서웠는데…. 지금은 무척 사랑스럽거든요!

이수석: 김형백 저도 그렇게 생각합니다. 학생들도 그렇지만 선생님들의 의식과 마음가짐도 많이 바뀐 거 같습니다. 이제 그 마음과 철학을 모아서 구슬로 꿰는 리더십과 지혜가 필요할 때라고 생각합니다.

이미영(학부모): 집안에서는 엄마아빠로, 학교에서는 학부모로, 동네에서는 지역사회의 한 일원으로!…. 교육의 3주체의 하나라는 의미의 학부모교육을 제대로 받지 못한 우리도 떠나고 싶을 때가 많아요. ㅋㅋ 그럴 때 아이한테서 위로받고 힘받는 때가 종종 있네요.~

8. 아이들과 재미있게 놀고 싶다

지금 진보교육감 시대가 되면서, 기존과는 다르게 생각하고 행동하는 교사들의 활동 폭이 넓어졌다. 21세기를 살아가는 신인류라 할 수 있는 아이들에게는 새로운(?) 교육방법이 필요하다.

내가 잘하는 것

나는 어떤 의견을 먼저 내놓지 못한다. 머리가 부족해서 그렇고, 일에 대한 지속성이 떨어져서 그렇다. 의욕과 열정이 있는 사람이 무엇을 하자고 나에게 청하면, 그리고 내가 그 일을 재밌게 할 수 있으면 나는 그 일을 한다. 일이 재밌기 때문에 엉뚱한(?) 나는 새로운 아이디어를 내놓기도 한다. 새롭고 다르게 진행하는 나를 보며, 함께 했던 동료들은 나를 인정해 주고 격려해 준다. 그리고 다음에 또 진행하자며 청한다.

하지만 호기심 많은 나는 다른 일을 찾기 위해 슬며시 뺀다. 지속성이 약하기 때문이기도 하지만 호기심이 많기 때문이기도 하다. 나의 상섬과 난섬을 알고 있는 많은 사람들은 나의 부족한 면을 채우면서도 시너지 효과를 낼 수 있다며 거듭 나와 함

한알 한알이 모이면

께 하기를 청한다. 부족한 면들은 서로 채우고, 잘 할 수 있는 점들을 모으자며 거듭 청한다. 실수 투성인 나는 재밌고 유쾌하게 참여한다. 그러면 다음에는 이번보다 조금 더 잘 한다.

이게 내가 세상을 살아가는 방식이다. 나는, 내가 무엇을 잘하고 어떤 점이 부족한지 잘 안다. 그리고 누가 무엇을 잘하는지도 알고 있다. 이 때문에 나는 내가 잘 하는 일에 전념할 수 있다. 그리고 나에게 도움을 요청하는 사람이 있으면 그 일을 잘하는 사람을 소개시켜준다. 그 사람을 추천한다.

대의명분이 있고, 그걸 실천할 시너지 효과가 갖추어져 있다면 나는 그 일에 동참한다. 그러면서도 내가 항상 염두에 두는 것은 일이 잘 되었을 때, 사람들이 박수칠 때 내려가야 한다는 것이다.

여도지죄(餘桃之罪)를 생각하는 삶

'먹다 남은 복숭아의 죄'란 의미의 여도지죄가 있다. 위나라의 임금은 미소년인 미자하(彌子瑕)를 총애하였다. 미자하는 오만방자하였다. 예의와 지켜야 할 법마저도 무시하였다. 미자하는 어머니가 위독하다는 소릴 듣고 임금의 수레를 몰래 끌어내었다. 그걸 타고 집으로 달려가 어머니를 보살폈다. 이는 사형감이었다. 임금의 수레에 발만 올려놓아도 발목을 잘라야 했다. 그것이 법이었다.

미자하를 벌주어야 한다고 대신들이 말했다. 하지만 미자하를 예뻐했던 위왕은 말했다.

"아픈 어머니 생각에 발목이 잘린다는 벌마저도 생각 못했던 미자하의 효심이 얼마나 예쁘냐?"

임금과 함께 대궐 정원을 거닐 때였다. 탐스럽고 예쁜 복숭아가 열려있었다. 미자하는 그 복숭아를 하나 따서 먹었다. 먹다보니 너무 달고 맛있었다. 미자하는 자신이 먹던 복숭아를 임금에게 먹으라고 주었다. 위왕은 말했다

"얼마나 복숭아가 맛있으면, 자신도 모르게 먹다 남은 복숭아를 과인에게 주었겠느냐. 과인을 생각하는 미자하의 마음이 지극하구나."

세월이 흘렀다. 미자하의 이쁘고 귀여움도 세월의 흐름에 따라 빛을 잃어갔다. 미자하에 대한 위왕의 사랑도 식어갔다. 어느 날 미자하가 사소한 잘못을 저질렀다. 위왕은 노하여 말했다.

"저 무례한 놈을 당장 끌어내다 목을 베어라! 저 놈은 자신의 아름다움만을 믿고 위아래를 몰라보았다. 감히 과인의 수레를 몰래 훔쳐 탄 적이 있었고, 나에게 먹으라고 자기가 먹던 복숭아를 준적도 있었느니라."

SNS(Social Network Service)
임원영: 사랑이 어떻게 변해요? 사람이 변하는 거지.
김진숙: 믿을 수 없는 인간의 마음….

지금 나는 학생들과 재미있게 논다. 교문에서 '사랑합니다.' '고맙습니다.' '감사합니다.'를 기분 좋게 말하며 인사한다. 복도와 계단 곳곳에서 만날 때도 먼저 본 사람이 '사랑합니다.'를 말하며 인사한다. '사랑합니다.'라고 말을 하니, 아이들이 사랑스럽다. '고맙습니다.'라고 말하니 정말 아이들이 고맙다. 나와 학생들의 관계는 떨어지는 물방울이 바위를 뚫듯이 서서히 변하고 있다.

이제는 학생들을 믿어야 한다. 그리고 그들에게 맡겨야한다. 태어나면서부터, 아니 부모의 뱃속에서부터 SNS로 세상과 소통하는 신인류(?)인 아이들을 믿어야 한다. 그리하여 아이들이 박수치며 청할 때 무대에 올라가자. 그리고 아이들과 함께한 모든 연극이 끝나면 다음의 무대를 준비하기 위해 무대에서 내려오자.

내 마음 속에는 몇 가지 담고 사는 삶의 지혜가 있다. 그 중에 하나가, 먹다 남은 복숭아의 죄란 의미의 여도지죄(餘桃之罪) 이다. 잘한다고, 예쁘다고 축하해줄 때, 미래를 계획하고 준비해야 한다. 세월은 흐르고, 흐르는 세월 속에서 변하지 않는 것은 없다. 분명한 것은 변해야 한다는 것이다. 하지만 변하는 것 속에 변하지 않는 것이 있다. 그것은 교육에는 정답이 없고 모범답안만이 있다는 사실이다.

진보교육감 시대가 되면서, 기존과는 다르게 생각하고 행동하는 교사들의 활동 폭이 넓어졌다. 21세기를 살아가는 신인류라 할 수 있는 아이들에게는 새로운(?) 교육방법이 필요하다. 일제식 수업과 일제식 평가의 방식이 되어서는 안 된다. 지금의 현실에 발맞추어, 다르게 수업하고 다르게 평가하는 교육방법이 필요하다. 교육에 대한 새로운 패러다임이 일어나야 한다. 교육에 대한 새로운 헤게모니[3]가 정립되어야 한다.

요즘 학생들은 더 이상 훈육의 대상이 아니다. 오히려 학생들로부터 우리 교사들이 배우고 익혀야 할 때이다. 학생들은 그 무엇이든지 빨아들이고 담아내는 스펀지 같은 존재이다. 교사들의 역할은 그들에게 방향성을 알려주는 것이다. 그리고 그 목표를 향해 갈 수 있도록 자존감을 높여주고, 따뜻한 인간애를 갈러주는 일이다.

지금은 학생들과 부모들이 박수로 그대들을 청하고 그대들을 밀어내고 있다.

다시 그 모든 사람들에게 청한다. 박수로 청할 때 무대에 오르고, 박수칠 때 내려가라고.

헤게모니(hegemony) 어떤 집단과 사회, 국가 등의 조직을 주도할 수 있는 권력이나 지위를 말한다. 사회가 변하기 위해서는 그 사회의 인식의 틀인 패러다임이 변해야 하고 그 패러다임에 따른 헤게모니도 바뀌어야 한다.

SNS(Social Network Service)

김진숙: 그러니까 언제가 박수 칠 때냐구요~~~? 한번도 박수를 못 받아 봤지 싶습니다. ㅠ

김형백: 언제인가 수석 샘의 수업 시작을 잠깐 보게 되었는데... "애들아 함께 놀아 볼까"라는 멘트에 놀랐어요. 왜 수업 시간에 놀자고 할까? 라는 의문과 도대체 어떻게 수업을 하자는 것일까? 라는 궁금 때문에…. ㅎㅎ

이수석: 김형백 일관성을 갖고 있으나, 매 수업시간마다 그렇게 진행하지 못하는 제 천학(?)과 열정을 원망할 때가 있습니다. 그리하여 주변의 많은 선후배 교사들에게 도움을 청하러 다니곤 했습니다. 그 중에 제일은 교장선생님의 학교 경영마인드와 교육 - 특히 학생에 대한 마인드였습니다. 제가 멘토로 모시고 더러 찾아 뵈어도 되겠는지요?

이미영(학부모): 늘 말썽장이라고 취급받던 아이가 수업의 한 켠을 맡아 오락진행을 잠시 하면서 그 아이는 더 이상 말썽장이가 아니라 학교수업의 주인공이 되었습니다. 바로 인천혁신학교 이야기입니다. 늘 가지고 다니는 여고생의 파우치는 그저 화장품 이것저것을 담아 수업시간에도 화장을 하는 주머니에 불과했지 영어공부를 하고 싶다는 호기심을 불러일으키진 못했습니다. 하지만 혁신학교에서는 가능했습니다. 아이들과 진짜 노는 것, 바로 이런 것 아닐까요. ^^

9. 집단지성의 힘은 개인보다 크다

배움중심수업은 교실에서 학생과 학생간, 학생과 교사간의 활발한 소통과 토론이 이루어진다. 지식을 형성해 나가는 창조의 과정을 경험하면서 학생들은 서로의 갈등을 조정하고 협력하는 방법을 배우는 민주시민으로서 성장한다. 이렇게 해서 형성되는 것이 바로 창의지성이다.

사회가 발전할수록 배워야 할 것이 많기에, 그 만큼의 교육기간 이 길어진다. 산업사회에선 노작교육이 대세였다. 일하면서 배웠다. 배움이란 단계를 특별하게 따로 떼어서 생각하지 않았다. 노작교육 만이 삶의 대부분이었던 산업혁명 전의 학생들은 오히려 지금의

집단 지성의 힘

학생들보다 성숙했다. 우리나라에서 70, 80년대의 학생들이 2016년의 현 시대 학생들보다 훨씬 성숙했다. 이 도령과 성춘향이 합궁하여 부부의 연을 맺은 나이가 16살과 14살이었다. 로미오와 줄리엣이 처음 만나 사랑에 빠져 딥키스를 한 나이가 16살과 14살이었다. 지금 시대로 계산하면, 그들의 나이는 중3과 중1의 나이다. 배우고 익혀야 할 것들이 너무도 많은 현재는 지식폭발의 시대다. 아이들이 배우고 익혀야 할 내용들이 그 만큼 늘어나서, 아이들은 지금도 책상앞에 앉아 있다.

하지만 지금도 전 세계에선 하루 수백 수천 권의 책이 새로 발간된다. 새로운 음악과 예술 작품이 만들어지며, 새로운 이론과 해석의 체계가 또 다시 제기된다. 혼자의 힘으로는 이제 아무 것도 할 수 없다. 혼자의 힘보다는 다수의 힘, 여럿이 함께하는 힘이 훨씬 강하다.

이제 학생을 훈육의 대상으로 여기던 시대는 지났다. 학생들은 자신들의 뚜렷한 목표 의식과 대상이 정해지면, 힘을 모아서 자신들의 문제를 해결한다. 그들에게 필요한 것은 '무엇을 어떻게 왜 해야 하는가?'라는 뚜렷한 목표의식과 당위성이다. 그것이 명확하면 '혼자이면서 동시에 모두'인 이들 신인류(?)는 힘을 모아 일을 펼치고 해낸다.

기성세대인 교사와 어른들은 이들이 자신들의 일을 진행할 수 있도록 지지하고 기다리면 된다. 간혹 방향을 찾지 못해 갈등하는 친구들이 있으면, 그들에게 다시 방향성을 제시하면 된다. 그러면 새로운 인류(?)와 동거가 가능하다. 문제는 우리 교사들-기성세대부터 변해야 한다. 그리하여 그들에게-학생들에게 교사들이 먼저 다가가야 한다. 그러면 그들도 우리 교사들의 손을 잡고 함께 가자고 할 것이다.

SNS(Social Network Service)

임원영: 우리가 먼저 변해야 된다는 말씀에 급 공감합니다. 내민 손을 내치는 학생 여태 보지 못했어요. 저희가 먼저 손을 내밀어야 합니다.

김진숙: 문제는 믿음인 거 같아요. 믿지 못해서 기다리지 못하더라고요.

이미영(학부모): 남을 변화시키는 것보다 나를 바꾸는 것이 손쉽긴 하더라구요. 그런데 나를 바꾸니 상대도 더불어 바뀌더라는!!^^

배려와 존중

나는 선친을 존경한다. 초중고때는 두렵고 무서운 존재였지만, 대학교 들어가서는 대화상대이자 때론 토론자였던 친구 같은 존재였다. 아버님께선, 내가 결혼하고 1년 만에 돌아가셨다. 내 처를 너무나 예뻐하셨다. 그 때문인지 내 처는 선친을 존경하고 그리워한다. 부부싸움을 하다가도 아버지 산소에 갔다 온다면, '앗 경계다!'라며 서로 간에 역지사지한다. 그 분은 돌아가셨어도 나와 내 처에게 안식처고 판단의 기준(?)이었다. 고민을 상담하고 인생의 지혜를 알려주실 길잡이 해줄 아버님이 내겐 안 계신다. 힘들고 어려울 때면 그분이 생각난다. 그분이라면 어떻게 하였을까하고.

내 생활의 원칙은 단순하다. 나보다 한 살이라도 많은 분이 있으면 그분을 선생으로 모신다. 인생선배는 그냥 인생선배가 아니다. 그 분들은 나보다 훨씬 더 많은 세월을 살았고 살아온 만큼 삶의 경륜과 지혜도 더 많다. 그래서 난 어려운 일이 있을 때면 그분들께 도움을 청한다. 배우겠다는 후배를 거절한 선배는 한 분도 없다. 오히려 좋아하신다. 이제, 그 선배들을 대접하고 배려해야 한다. 세월 앞에 장사 없다.

교직경력이 30년이 넘었고, 만 55세 이상이면 원로교사라고 한다. 한 직장에서 30년 넘게 학생들과 함께 생활해 오신 분들. 그분들을 거쳐 간 학생들은 얼마나 많았고 다양했을까? 딴 곳에 한눈팔지 않고 한 우물만을 파 오신 분들! 그 존재자체만으로도 그 분들은 존경받을 자격이 있다. 이제 그 분들을 배려하자. 그 분들을 대접하자. 수업시수에서, 일에서, 시험 감독에서……. 나와 우리가 그 분들을 배려하고 존경하면, 내 후배들과 제자들도 늙어가는 나를 배려하고 존경해줄 것이다.^^

나도 나이를 먹어간다. 어제는 후배였는데, 오늘은 그 누구의 선배고 스승이다.^^ 그리고 오늘도 나는 배운다. 선배들과 후배들과 주변 동료들에게…….

오늘 갑자기 눈처럼 떨어지는 벚꽃을 맞으며 즐거워하는 학생자치회 학생들을 보다가 문득 떠오른 단상입니다. 참 좋을 때다. 너희들이 크는 만큼 나는 늙어가는 구나...ㅋㅋㅋ
선생님들을 사랑하고 존경하고, 선생님들과 세상으로부터 늘 배웁니다.

정년퇴직하신 선배님 말씀

"붙인 계급만 계급이 아니에요. 나이도 계급입니다.
- 모 관서장의 말씀"

에필로그 2

수업하는 교장선생님!

　공부는 언제나 항상 늘 하는 것이다. 학생 때는 학생으로 세상을 어떻게 바르게 살아가야 하는지를 배우고, 나이 먹어 어른이 되면 어른스럽게 행동하고 처신하기 위해서 또 하는 게 공부다. 공부는 남으로부터 배우는 것도 있지만, 타인을 가르치면서도 배운다. 그래서 교학상장(敎學相長)이라고도 하잖은가? 인간은 언제나 배우고 느끼는 영원한 학생이라고도 할 수 있다.

　이런 면에서 우리학교 고보선 교장선생님은 언제나 늘 항상 공부하려고 하는 학생이다. 그리고 학생으로부터 끊임없이 배우고 느끼려고 하는 교사이기도 하다. 그는 아이들의 이야기를 듣고, 변화된 아이들의 생각을 학교 경영에 반영하려고 한다. 그래서 수업을 한다.

　수업하는 교장선생님! 아이들과 이야기를 나누며 그들의 의견을 학교에 반영하려는 교장선생님! 고보선 교장선생님은 학기별 26시간(학급별 1시간) 총 52시간 수업시간을 배당받아 전체 학생을 대상으로 수업을 한다. 수업이 이루어지는 장소는 교장실이며, 그 수업은 정말이지 시끄럽다. 아이들은 전혀 주눅 들지 않는다. 자기들 이야기를 스스럼없이 옆의 친구와 이야기한다. 비록 교장실이라는 엄숙함(?)이 있지만, 교장선생님은 1명이다. 교실에서처럼 25대 1의 싸움(?)이다. 전혀 주눅 들지 않는다. 먼저 화를 내거나 짜증내는 사람이 지는 것이다. 아이들은 교장선생님이라고 봐주는 것이 없다. 재미없거나 내용이 마땅찮으면 자기들 이야기로 몰고 간다.

청라고등학교에서 진행해 왔던 수업 그대로 아이들과 이야기 하려던 고보선교장선생님은 '아뿔싸'했다. 이 아이들은 어려움과 두려움을 아직 모르는 중학생이다.

교장선생님이 사탕을 주고, 먹을 것(?)으로 유혹해도 재미없거나 내용이 마음에 들지 않으면 무시한다. 그런데 이제 교장선생님의 이야기를 들어보니 경청할만하다. 그래서 아이들은 눈을 빛내고 교장선생님의 말을 듣기 시작한다.

교장실에서 진행하는 1학기 수업 주제는 [민주, 정직, 자존]이다. 중학교에서 제일 짱인 교장선생님이 우리를 존중해 준단다. 정직하게 이야기하며 우리 학생들의 말을 경청하고 있다. 야, 이거 우리도 잘 들어야겠다. 우리도 존심이 있지, 어찌 부시할 수 있겠니. 아이들의 표정은 진지함을 나타내기 시작했다.

2학기에는 [더불어 함께 살아가는 시민]이란 주제로 수업을 할 계획이다.

　수업하는 교장선생님의 모습을 통해 아이들이 무엇을 느끼며 어떻게 변할지는 그들의 영혼이 답할 것이다.

　일단 아이들의 표정은 진지함과 친밀감으로 반짝인다. 학생과 교사, 학생과 교장간의 래포가 형성되고 있다. 이 아이들과 고보선교장선생님의 변화가 기대된다. 참으로 날이 좋다. 사람들이 좋다.

관계의 변화 질문과 느낌이 있는 학교

초판 1쇄 2016년 5월 18일 발행

지은이 ㅣ 이수석　　**그린이** ㅣ 이남규
펴낸이 ㅣ 유덕열

기획 및 편집 ㅣ 유덕열, 박세희

펴낸곳 ㅣ 한결하늘
출판등록 ㅣ 제2015-000012호
주소 ㅣ 경기도 안산시 단원구 선삼로4길 11 (101호)
전화 ㅣ (031) 8044-2869, 8084-2860　**팩스** ㅣ (031) 8084-2860
이메일 ㅣ ydyull@hanmail.net

ISBN 979-11-955457-5-9 03370

이 도서의 국립중앙도서관 출판예정도서목록(CIP)은 서지정보유통지원시스템 홈페이지
(http://seoji.nl.go.kr)와 국가 자료공동목록 시스템(http://www.nl.go.kr/kolisnet)에서
이용하실 수 있습니다.(CIP제어번호: CIP2016011645)